MODERN LANGUAGES STU
LITERATURE STUDY GUIDE FOR AS/A-

La casa de Bernarda Alba

Federico García Lorca

Sebastián Bianchi and **Mike Thacker**

HODDER
EDUCATION
AN HACHETTE UK COMPANY

The Publishers would like to thank the following for permission to reproduce copyright material.

Photo credits

p.7 Antiqua Print Gallery/Alamy; **p.8** Peter Horree/Alamy; **p.9** Granger Historical Picture Archive/Alamy; **p.10** Granger Historical Picture Archive/Alamy; **p.11** Jordi Boixareu/Alamy; **p.12** robertharding/Alamy; **p.40** Robert Smith/Alamy; **p. 46** Moviestore Collection Ltd/Alamy; **p.48** *t* + *b* Moviestore Collection Ltd/Alamy; **p.49** Moviestore Collection Ltd/Alamy; **p.57** Panagiotis Karapanagiotis/Alamy

Every effort has been made to trace all copyright holders, but if any have been inadvertently overlooked, the Publishers will be pleased to make the necessary arrangements at the first opportunity.

Although every effort has been made to ensure that website addresses are correct at time of going to press, Hodder Education cannot be held responsible for the content of any website mentioned in this book. It is sometimes possible to find a relocated web page by typing in the address of the home page for a website in the URL window of your browser.

Hachette UK's policy is to use papers that are natural, renewable and recyclable products and made from wood grown in sustainable forests. The logging and manufacturing processes are expected to conform to the environmental regulations of the country of origin.

Orders: please contact Bookpoint Ltd, 130 Park Drive, Milton Park, Abingdon, Oxon OX14 4SE. Telephone: (44) 01235 827720. Fax: (44) 01235 400401. Email education@bookpoint.co.uk Lines are open from 9 a.m. to 5 p.m., Monday to Saturday, with a 24-hour message answering service. You can also order through our website: www.hoddereducation.co.uk

ISBN: 978 1 4718 9196 0

© Sebastián Bianchi and Mike Thacker 2017

First published in 2017 by
Hodder Education,
An Hachette UK Company
Carmelite House
50 Victoria Embankment
London EC4Y 0DZ

www.hoddereducation.co.uk

Impression number   10 9 8 7 6

Year   2021 2020 2019

Cover photo © Nebojsa Rozgic/Alamy Stock Photo

Typeset in India

Printed in Dubai

A catalogue record for this title is available from the British Library.

Contents

Getting the most from this guide

This guide is designed to help you to develop your understanding and critical appreciation of the concepts and issues raised in *La casa de Bernarda Alba*, as well as your language skills, fully preparing you for your Paper 2 exam. It will help you when you are studying the play for the first time and also during your revision.

A mix of Spanish and English is used throughout the guide to ensure you learn key vocabulary and structures that you will need for your essay, while also allowing you to develop a deep understanding of the work.

The following features have been used throughout this guide to help build your language skills and focus your understanding of the play:

Activities

A mix of activities is found throughout the book to test your knowledge of the work and to develop your vocabulary and grammar. Longer writing tasks will help prepare you for your exam.

Build critical skills

These offer an opportunity to consider some more challenging questions. They are designed to encourage deeper thinking and analysis to take you beyond what happens in the play, to explore why the author has used particular techniques, and the effects they have on you. These analytical and critical skills are essential for success in AO4 in the exam.

GRADE *BOOSTER*

These top tips advise you on what to do, as well as what not to do, to maximise your chances of success in the examination.

los terratenientes landowners

For every paragraph in Spanish, key vocabulary is highlighted and translated. Make sure you know these words so you can write an essay with accurate language and a wide range of vocabulary, which is essential to receive the top mark for AO3.

TASKS

Short tasks are included throughout the book to test your knowledge of the play. These require short written answers.

Key quotations

These are highlighted as they may be useful supporting evidence in your essay.

Answers

Answers to every activity, task, and critical skills question can be found online at **www.hoddereducation.co.uk/mfl-study-guide-answers.**

As the play opens, we hear bells tolling for a funeral that is taking place in the local church. In Bernarda's house, two servants, La Poncia and the Criada, gossip about the man who has died, who was Bernarda's second husband, and about Bernarda herself and her five daughters: Angustias (aged 39), Magdalena (aged 30), Amelia (aged 27), Martirio (aged 24) and Adela (aged 20). The hatred the servants feel for their domineering mistress, with her insistence on cleanliness, is at once apparent. The service over, Bernarda and her daughters return home, accompanied by numerous mourning women. When the latter have departed, Bernarda rebukes Adela, who gives her a colourful fan, for her lack of respect for her dead father. Bernarda then declares 8 years of mourning, demanding absolute obedience from her daughters, who must spend their lives in the house engaged in household activities, such as embroidery. We hear the voice of Bernarda's 80-year-old mother, María Josefa, asking to be let out; she is kept under lock and key, having lost her mind. Bernarda forcefully reprimands the sickly Angustias for wanting to look at the men who are gathered outside the house. Angustias, as the daughter of Bernarda's first husband, can offer a sufficient dowry to marry a suitor; the other daughters, with their meagre inheritance, have no such expectations. La Poncia advises Bernarda that Pepe el Romano is the most eligible bachelor in the village and the best potential match for Angustias, but the other daughters have strong reservations about his motives. Before the first act comes to an end, Adela openly rejects the imposed period of mourning and her imprisonment in the house. The deranged María Josefa escapes from her room and proclaims her desire to get married and be free.

Act 2 begins with La Poncia and the daughters, minus Adela, sewing and embroidering as they speak of the events of the previous night, when Pepe came to the *reja* (window bars) to meet Angustias and stayed talking to her until 1.30 a.m. La Poncia contradicts Angustias, saying that she knows that Pepe in fact stayed until 4.00 a.m. Adela comes in and is even more forceful in insisting on her need for freedom: she will do as she wishes with her body and she is resentful of the interference in her life by her sisters, especially Martirio. When La Poncia and Adela are alone on stage, the servant reveals that she knows that Adela and Pepe had met the previous night, and advises her not to be impatient to have Pepe now; she should let his marriage to Angustias go ahead and wait for her sister to die in childbirth and then Pepe will be hers. When Adela rejects this advice, declaring her passion for Pepe, La Poncia threatens to reveal all to Bernarda. The disappearance of a portrait of Pepe from Angustias' room raises the tension. Martirio admits guilt but claims it was all a joke. Bernarda accepts Martirio's story, but the incident persuades her to take La Poncia's advice and marry Angustias to Pepe without delay. La Poncia reveals to Bernarda that Adela is Pepe's lover. Adela and Martirio clash over Pepe: Adela, pulled along fatefully by her passion, pleads with her sister not to stand in the way of her relationship with him, but to no avail. The murder of her illegitimate baby by the daughter of La Librada, a village woman, terrifies Adela, who clutches her stomach.

At the beginning of Act 3 it is night-time and the family are dining with a guest, Prudencia. A brooding atmosphere prevails as they discuss the impending wedding and omens of ill luck abound, increasing the tension in the household. Angustias reports that Pepe seemed distracted at the *reja*, as if he was holding something back. La Poncia fears that a momentous event is brewing. It is now too late to prevent Adela from doing what she intends to do; the other daughters watch her every move. Bernarda retires, having been informed by Angustias that Pepe will not be at the *reja* that night. The arrival of María Josefa, holding a lamb in her arms and singing of freedom and childbearing, precedes the final scenes. Martirio and Adela, both in petticoats, clash once more. Martirio admits that she too loves Pepe, at which Adela again insists that nothing will stop her from being with him, even his marriage to Angustias. Pepe's lie about his absence that night is revealed when a whistle is heard outside. At this, Adela runs to the door but is halted by Martirio. The sisters struggle. Bernarda, hearing the fracas, reappears and, scandalised at the turn of events, vents her fury on Adela. Adela, confronting her mother, breaks her stick in two, saying that Pepe will be her only master. At this, Bernarda calls for her shotgun and runs out. A shot is heard offstage, at which Martirio claims that Pepe has been done for. Adela, believing him to be dead, runs offstage, distraught. We then learn that in fact Pepe has fled on his pony. It is too late, however, to prevent the tragic end: Adela hangs herself. Bernarda insists that her daughter has died a virgin and demands that there should be no weeping and that they all keep silent about the tragic event.

La Andalucía rural de principios del siglo XX

La Andalucía de principios del siglo XX estaba caracterizada por grandes problemas, como la concentración de tierras entre pocos **terratenientes** y el **analfabetismo**. Después de la dictadura de Primo de Rivera, y de la Segunda República en 1931, Andalucía aún no **gozaba** de todos los derechos de la Constitución de aquel año. La sociedad era cerrada, y se manejaban conceptos conservadores, como el que la Poncia **esgrime** acerca de hombres que se acuestan con mujeres poco honradas: "Porque no es de aquí. Es de muy lejos. Y los que fueron con ella son también hijos de **forasteros**".

▲ Patio de Sevilla, pintura antigua de (1908)

los terratenientes landowners

SUMMARY
concept of Andalucía being a conservative

el analfabetismo illiteracy

gozar to enjoy *traditional place, & the only people who disrupt this are 'forasteros'*

esgrimir to put forward

el/la forastero/a outsider

Despite its past political and cultural grandeur, Andalusia fell on hard times in the twentieth century. The play displays features that can be associated with the divisive and derogatory concept of *la España profunda*, a period at the beginning of the century characterised by a highly traditional society in which the role of women was secondary. Religious fanaticism and the obsession with privacy — and the consequent fear of being exposed — were commonplace. Tradition and violence, mostly political but also domestic, often went hand in hand during the turbulent times of the *Segunda República Española* (1931–39); this is clearly exemplified in the brutal repression that Bernarda imposes on her daughters and mother, and in society, where people felt justified to attack transgressors, such as the daughter of La Librada, who murdered her child, 'easy women' and strangers. Lorca based his story on Valderrubio, where he lived at one time. The play is the third in a trilogy of tragedies (*Bodas de sangre*, *Yerma* and *La casa de Bernarda Alba*) centred around women in rural Andalusia.

Key quotation

Bernarda: Es así como se tiene que hablar en este maldito pueblo sin río, pueblo de pozos, donde siempre se bebe el agua con el miedo de que esté envenenada.

[Acto primero]

Las clases sociales en la España de principios del siglo XX

el estamento social class

pudiente well-to-do (lit. *being able to do*)

heredar to inherit

el renombre fame

codiciado/a sought after

el/la mendigo/a beggar

En la Andalucía de principios del siglo XX, la movilidad social era prácticamente nula, y la sangre y el apellido determinaban los **estamentos** y el trato social. Bernarda Alba, viuda por segunda vez, se considera una señora **pudiente**, y por lo tanto desprecia el pueblo en el que vive y a su gente. La riqueza se **heredaba**, y daba **renombre** a una familia. Es por eso que Angustias, la única hija del matrimonio anterior de Bernarda, tiene más dinero y es más **codiciada**. Los contrastes entre las clases sociales, entre las invitadas, las hijas de Bernarda, incluso entre la Criada y la **mendiga**, ayudan a establecer un ambiente de tensión en la obra entera.

▲ Mujeres con abanico en Sevilla, España

Key quotation

Bernarda: Los pobres son como los animales. Parece como si estuvieran hechos de otras sustancias.

[Acto primero]

Social classes in early twentieth-century Andalusia were static, did not mix and followed strict rules of interaction. Well-to-do families, such as that of Bernarda's first husband, had estates and were therefore more 'valued' by society, hence the fact that the whole town has come to his funeral. Bernarda Alba is, therefore, a rich woman who will only mix with her like ('¡Mi sangre no se junta con la de los Humanes mientras yo viva! Su padre fue gañán'). The fact that Angustias, the only daughter of Bernarda's first husband, is richer, causes tension: it triggers envy and distrust among the sisters and is a clear factor in her suitor wanting to marry her. Rich people like Bernarda would treat servants and poor people with disdain (Bernarda says they were made of 'otras sustancias'), and each class would look down on the one under it in the social scale. Hypocrisy and flattery played a big role in society, as is seen when the women utter insults between the litanies (prayers) and when Prudencia visits Bernarda and mentions that she has managed to enlarge her stud. This is a clear reference to the long Moorish tradition of horse-breeding in Andalusia.

Las mujeres y sus roles en la sociedad española de antaño

TASK

1 Encuentra en la obra tres ejemplos de acciones que demuestren que los personajes pertenecen a diferentes clases sociales. Explica cómo lo demuestran.

▲ Las mujeres y sus roles en la España de antaño

Esta obra de teatro tiene como protagonistas exclusivamente a "mujeres en los pueblos de España", como lo explica su subtítulo. La mujer española de principios del siglo XX debía ser el "ángel del hogar", una "dulce esposa" y una "madre **solícita**", y no gozaba, ni aspiraba a gozar, de los derechos sociales o políticos de los hombres, que las relegaban al hogar exclusivamente.

Bernarda está casada en segundas nupcias y es viuda; por lo tanto, tiene que mantener una imagen seria y llevar un hogar **honrado**. La Poncia representa el rol de una típica **criada**, la mano derecha de la dueña de casa. La pureza de la mujer antes del matrimonio era muy cuidada, especialmente en las clases más altas, y su obediencia no debía cuestionarse, bajo pena de **castigo corporal** o de ser **desheredada**. Por lo tanto, la rebelión de Adela es escandalosa para la época y la sociedad.

solícito/a caring

honrado/a honourable
la criada female servant (lit. *raised*)
el castigo corporal physical punishment
desheredar to disinherit

The role of women in rural Andalusia at the beginning of the twentieth century was very well defined: matriarchy was commonplace, women were subservient to men and followed strict rules of chastity and decorum, especially if they were well-to-do. Women were thus confined to household chores, to sewing (a tradition handed down from Moorish times), preparing their *ajuar* (trousseau) and praying, and women servants would do the cleaning and cooking. If these rules were broken, women risked becoming the subject of gossip. While the licentious behaviour of men was tolerated, it was very much frowned upon in the case of women (illustrated by the daughter of La Librada, who was cast aside by society because she had a child out of wedlock and murdered her illegitimate baby). This explains why Bernarda is furious at Adela for becoming the lover of Pepe el Romano, a man who is clearly seducing one sister whilst pretending to be faithful to the other, Angustias, whom he is marrying for money.

Build critical skills

2 Encuentra tres citas que muestren los distintos roles que las mujeres desempeñaban en la época en la que se ambienta la obra.

El cortejo y el matrimonio en Andalucía

lorquiano/a in the works of Federico García Lorca

cortejar to woo

la pureza purity

el noviazgo courtship

el pretendiente suitor

la reja window with bars

el pedido de mano proposal

el ajuar trousseau

la dote dowry

En la Andalucía **lorquiana** se observaban ciertas costumbres para **cortejar** y casarse. Como la **pureza** de la dama era primordial, y la sociedad comentaba un **noviazgo**, el **pretendiente** se acercaba a su ventana, que tradicionalmente tiene **rejas** en Andalucía. Los padres buscaban y elegían un candidato para asegurarse del buen futuro de la muchacha. En el **pedido de mano**, el hombre daba un anillo de diamantes a la mujer, y la mujer presentaba un **ajuar**, y su padre y madre una **dote** para que vivieran bien.

▲ Hombre cortejando a una mujer en Andalucía a principios del siglo XX

Strict rules were applied to romance and courtship in Andalusia during the first half of the twentieth century: a young woman who had a suitor would speak to the man in question from the bars around a window at certain times, normally in the evening, as is the case with Angustias (and secretly with Adela). This manner of courtship had clear Moorish (Muslim) influence. This display was observed by the people of the town, who would approve the match or not. It was therefore essential to keep up appearances. A man would declare his love for a girl by, for example, handing her a rose through the *reja*, and speak or even sing love songs by her window. In the proposal, a man would present a woman with a diamond ring (Pepe gives Angustias a ring with pearls, which is a bad omen). La Poncia further illustrates courtship when she tells the girls that when her husband Evaristo came to her window, he came really close, as if he wanted to come through the bars. Pepe's infidelity with Adela is suspected because La Poncia and Martirio point out that he has been leaving the window at 4 a.m., whereas Angustias says he left her window at 1 a.m. This creates great tension in the play.

Key quotation

Martirio: Verdaderamente es raro que dos personas que no se conocen se vean de pronto en una reja y ya novios.

[Acto segundo]

Build critical skills

3 Comenta sobre tres ocasiones en las que se habla de las visitas de Pepe el Romano en la obra. ¿En qué actos suceden? ¿Qué efecto logran estas menciones?

La muerte y sus rituales en España

En la tradición española, es muy común que cuando alguien **fallece** se observen ciertos rituales: el cuerpo del difunto es **velado** por un tiempo corto antes de ser **enterrado**; siguiendo el ritual católico, se **rezan** rosarios y letanías por su eterno descanso, y la viuda, como en este caso Bernarda, recibe a los **vecinos**, que visitan el **velatorio** para **dar** sus **pésames**. Es normal **vestir de luto**, es decir de color negro, en esas ocasiones, y durante el luto la familia no participa de fiestas como señal de respeto. Lorca exagera este luto por 8 años con finalidad dramática, y logra un humor sombrío que predomina en la obra.

▲ Mujer que viste de luto llorando en un funeral

fallecer to pass away

velar to hold a vigil or wake (*from* vela (candle), *used during the night*)

enterrar to bury

rezar to pray

el/la vecino/a neighbour

el velatorio wake; funeral parlour

dar el/los pésame(s) to express condolences

vestir de luto to wear mourning clothes

Key quotation

Bernarda: En ocho años que dure el luto no ha de entrar en esta casa el viento de la calle.

[Acto primero]

jugar un papel to play a role

rezar to pray

la letanía litany (short prayer)

la Semana Santa Holy Week, culminating in Easter Sunday, in which the death and resurrection of Christ are celebrated

el paso (E) group of people carrying a sacred image in a procession

la lágrima tear

When a person dies, it is customary in the Hispanic tradition to mourn for a day before the burial. In a wake, people attend to pay their respects dressed in black, and in small communities a large number of attendees is a clear sign of a higher social status, as is mentioned by La Poncia. Wakes were traditionally accompanied by the loud crying of women, such as the (ironic) cries of the Criada; in some towns rich people paid *lloronas* or *plañideras* to do the work. Catholic tradition states that people, especially women, say a rosary to the Virgin Mary and chant *letanías* (short, one-phrase prayers) for the eternal repose of the soul. If a family member *rompe el luto*, i.e. breaks the mourning, without permission, such as Adela when she passes a colourful fan to her mother, this is seen as disrespectful. Lorca exaggerates these traditions and others, such as the duration of the mourning, for dramatic effect.

La religión y la superstición en los pueblos de España

La religión **jugaba un papel** muy importante para las poblaciones de Andalucía a principios del siglo XX. El conservadurismo y la observancia de los rituales, como **rezar** un rosario y **letanías** por un muerto, no eran solo rituales católicos, sino uno de los pilares de la vida social. La **Semana Santa** andaluza, con sus vistosos **pasos** e imágenes de Jesús crucificado y de la Virgen María, ha adquirido fama. Lorca muestra también cómo la cultura popular y la superstición se suman al sentir religioso, tal y como se ve cuando Magdalena derrama sal (lo que trae mala suerte) o Angustias recibe un anillo de compromiso de perlas (que significan **lágrimas**).

▲ Imagen de la Virgen, llevada en un paso en la Semana Santa en Sevilla, Andalucía

Andalusia is a region that in the past underwent many cultural and religious changes, with Christianity, Islamism and Judaism taking precedence in places at different times and leaving impressive buildings to attest to such movements: the famous *Mezquita* and the *Sinagoga* in Córdoba are imposing, and the Moorish *Giralda* by the enormous *Catedral* in Seville have also become symbols of the city. In the twentieth century, especially in rural Andalusia, Catholicism was the main religion. Its rituals are present mostly as a background in the play, when Bernarda and the guests enter after the *responsos* (funeral orations), when they say litanies, or when Prudencia explains that 'No me queda más consuelo que refugiarme en la iglesia…'. Lorca displays the social conventions that religion dictates, for example the wearing of black and the importance of virginity before marriage, but he also suggests that these traditions are stagnant and go against the love that Adela feels for Pepe, for example.

TASK

3 Menciona tres ocasiones en las que la religión católica y su culto es evidente en la obra. ¿Tiene impacto en lo que hacen los personajes?

Key quotation

Bernarda: Las mujeres en la iglesia no deben mirar más hombre que al oficiante, y a ése porque tiene faldas. Volver la cabeza es buscar el calor de la pana.

[Acto primero]

13

1 En cada una de las siguientes oraciones hay un máximo de tres palabras/ frases que son incorrectas si tenemos en cuenta lo dicho sobre el contexto histórico y social de *La casa de Bernarda Alba*. Corrígelas sin cambiar la estructura de las frases.

Ejemplo: Uno de los principales avances de Andalucía a principios del siglo XX era su gran índice de alfabetización.

*Uno de los principales **problemas** de Andalucía a principios del siglo XX era su gran índice de **analfabetismo**.*

1 La mujer en la época en la que se ambienta esta obra era independiente, tenía un rol esencial en la política y era un "ángel de la sociedad".

2 Cuando un hombre cortejaba a una mujer, se arrimaba a una pared, y hablaba con ella a través de un agujero, como es el caso de Pepe el Napolitano en la obra.

3 Al morir alguien en la época de esta obra, las personas llevaban ropa de color blanco como señal de pureza y esto se extendía solo por unas horas.

4 En sociedades como la de Bernarda Alba, era común para jóvenes feos como Pepe el Romano buscar a muchachas pobres como Angustias para tenerlas como amantes.

5 En esta obra se observa "la España superficial", en la que la sociedad era poco tradicional y nada religiosa.

6 Si una mujer de la época, como Adela, aceptaba los avances sexuales de un hombre, podía ganar toda su herencia.

7 Bernarda, como era común en su época, se compadece de los pobres y dice que ha disminuido su número de ovejas.

8 *La casa de Bernarda Alba*, que fue escrita en 1939, habla de una época pacífica después de la Primera República.

9 La religión jugaba un papel mínimo en la sociedad que representa esta obra, y la superstición era considerada tonta, por lo que un anillo de perlas significaba lujo.

2 Completa las siguientes oraciones referidas al contexto histórico y social de la obra de teatro con tus palabras y los verbos en la forma más apropiada:

1 Pepe el Romano, el muchacho que pretende a Angustias, de 39 años, era…

2 Las cuatro hijas menores de Bernarda Alba heredaron…

3 Como la Poncia es una criada fiel, …

4 Mientras rezan letanías junto a Bernarda, las vecinas…

5 El luto normalmente dura un año para una familia, pero en el caso de Bernarda Alba…

3 Completa el siguiente párrafo referido al contexto histórico y social de la obra de teatro con **una** de las palabras dadas en cada caso:

Esta obra de teatro **1** cervantina/lorquiana/lopesca *tiene lugar durante una época en la que la mujer española, y en particular la* **2** andaluza/catalana/madrileña, *no tenía mucha libertad. Eran tiempos* **3** pacíficos/productivos/turbulentos *en los que reinaba un espíritu de violencia* **4** fraternal/social/internacional, *y en el cual era esencial que* **5** se cuidara/se manchara/se comentara *la reputación: Lorca ilustra cómo el pueblo* **6** premia/ayuda/castiga *a una mujer que comete un asesinato de su* **7** hermano traidor/padre violento/hijo ilegítimo, *para ocultar su vergüenza y Bernarda está obsesionada con el* **8** "qué dijeron/qué dicen/qué dirán", *o sea que protege mucho a sus hijas de los* **9** hombres/celos/políticos. *Expresa su aprobación por Pepe el Romano, porque es* **10** rico/mayor/guapo *y buen partido, pero para su hija Angustias, que es* **11** simpática/mayor/saludable; *él la corteja detrás de la* **12** reja/puerta/pared, *pero también se arrima a la de Adela, que es más* **13** rica/tímida/joven *y que se convierte en su* **14** esposa/amante/cuñada. *Esto tiene consecuencias no solo sociales, ya que si se enterara el pueblo* **15** criticaría/admiraría/hablaría *mucho a Bernarda, sino dramáticas, ya que, al* **16** reprimir/aprobar/estimular *ese amor, y debido a los* **17** dineros/consejos/celos *de las hermanas y al encierro, Adela actúa de forma* **18** sensata/racional/impulsiva *y se quita la vida.*

El contexto histórico y social

ANDALUCÍA RURAL

Las clases sociales de España
- Rigidez social
- Honor y renombre
- Riqueza
- Desprecio hacia los demás

Las mujeres y sus roles
- Esposa, madre y "ángel del hogar"
- Criadas
- Honra/castidad
- Obediencia a los padres

El cortejo y el matrimonio
- Pureza (virginidad)
- Visitas en la reja
- Pretendiente aprobado
- Preparar un ajuar

Principios del siglo XX
- Pobreza y analfabetismo
- Violencia
- Tradiciones
- Dictadura

La muerte y sus rituales
- Luto
- Velatorio
- Visita del pueblo
- Guardar las apariencias
- Campanas de la iglesia

La religión y la superstición
- Rezar el rosario y letanías
- Visitar la iglesia
- Anillo de perlas (mala suerte)
- Derramar sal (mala suerte)
- Misa (de responso)

Vocabulario

el ajuar trousseau

el analfabetismo illiteracy

el castigo corporal physical punishment

codiciado/a sought after

el conservadurismo conservatism

cortejar to woo

la criada female servant (lit. *raised*)

dar el/los pésame(s) to express condolences

desheredar to disinherit

la dote dowry

en segundas nupcias married for the second time

enterrar to bury

fallecer to pass away

el/la forastero/a outsider

heredar to inherit

la (in)fidelidad (un)faithfulness

la lágrima tear

la letanía litany (short, one-sentence prayer)

el luto mourning (in black clothes, as a sign of respect for the departed)

el/la mendigo/a beggar

el noviazgo courtship

el pedido de mano proposal

el pretendiente suitor

pudiente well-to-do (lit. *being able to do*)

la pureza purity

el reinado reign

la reja window with bars

el renombre fame

rezar to pray

los terratenientes landowners

el/la vecino/a neighbour

velar to hold a vigil or wake

el velatorio wake, vigil; funeral parlour

el/la viudo/a widow(er)

3 Scene summaries

el responso prayer for the dead

férreo/a made of iron; fierce

la avaricia greed

a voces shouting (lit. *to voices*)

Please note that while the play *La casa de Bernarda Alba* is divided into three acts only, each act has been broken down into scenes here in order to give short summaries. These divisions are based on actions and dialogue that show a unity.

Acto primero

Primera escena

Hasta (*Terminan de entrar las doscientas mujeres y aparece Bernarda y sus cinco hijas.*)

> La casa de Bernarda Alba es una casa típica andaluza. Se ven solo sillas, y al levantarse el telón entran la Criada y la Poncia, mano derecha de Bernarda.
>
> Ambas se ponen a describir lo que han visto y lo que opinan del **responso** del segundo marido de Bernarda, Antonio María Benavides, que acaba de morir sin dejar casi nada de dinero a Bernarda y a sus hijas. Protestan sobre el pésimo carácter de Bernarda, su dominación **férrea** y su **avaricia**. Una voz se escucha desde dentro, y las criadas hablan de cómo hay que trancar bien la puerta para que no salga "la vieja". Mientras limpia la Criada, despotrican y critican a Bernarda, y la Poncia sueña con vengarse algún día. Finalmente, ella deja a la Criada, que desprecia a una mendiga que ha entrado, y después, a solas, declara **a voces** que era el objeto sexual del difunto hombre.

> **TASK**
> **1** Encuentra por lo menos cinco adjetivos despectivos que usan la Criada y la Poncia para describir a Bernarda en esta escena.

Segunda escena

Desde Bernarda: (*A la Criada.*) ¡Silencio!
Hasta Bernarda: ¡Ojalá tardéis muchos años en pasar el arco de mi puerta!

despreciar to spurn, to look down one's nose

la sotana cassock (religious gown)

> Entra un grupo grande de mujeres con Bernarda a la cabeza, quien critica a la Criada porque no ha limpiado bien. La **desprecia** por ser pobre. Bernarda y las mujeres hablan del trabajo en el campo. Bernarda pide que atiendan a los hombres, pero que no entren en la casa. Bernarda declara que solo a un párroco debe mirarse, y solamente porque tiene una **sotana** y es inofensivo.

Alrededor de Bernarda empiezan a insultarla entre **susurros** sus vecinas, con frases cortas y despectivas. Bernarda empieza a rezar, y esas frases se transforman en **letanías**, que demuestran la falsa piedad que sienten todas las presentes.

Al salir las mujeres, le auguran el bien a Bernarda, quien grita tras de ellas que vayan a criticarla a sus casas, y desea que no vuelvan más.

el susurro whisper

la letanía litany (prayer that consists of short phrases and answers)

Build critical skills

1 Observa la manera en la que Lorca resalta el contraste entre lo que opina Bernarda y lo que dicen sus invitadas a sus espaldas. ¿Qué logra el autor con esto? Explica.

Key quotation

Bernarda: Los pobres son como los animales; parece como si estuvieran hechos de otras sustancias.

Activity

1 Lee esta escena en la obra y encuentra en el texto los antónimos (opuestos) de las siguientes palabras y frases:

1	sucio	6	quítale	11	desgraciados
2	ricos	7	cruda	12	egoísmo
3	detrás de	8	maldecido sea	13	te sobrará
4	reír	9	maldito	14	piso
5	se levanta	10	en guerra	15	hablar bien

Tercera escena

Desde La Poncia: No tendrás queja ninguna. Ha venido todo el pueblo.
Hasta Bernarda: Pero desde aquel sitio las vecinas pueden verla desde su ventana. (*Sale la Criada.*)

Bernarda refunfuña en contra del pueblo, que considera miserable. Pide un **abanico** a su hija menor, ~~Adela~~ Amelia, que le pasa uno redondo con flores rojas y verdes. Esto enfurece a Bernarda, que le recrimina que debe ser uno negro. Bernarda sentencia que el luto por su esposo durará 8 años, en los que no entrará nadie en la casa, siguiendo la tradición de su familia. Ordena a sus hijas que empiecen a bordar el **ajuar** y a cortar sábanas. Bernarda nuevamente sentencia que ella es quien manda en la casa, y que han nacido para hacer lo que tienen que hacer las mujeres, es decir bordar y quedarse en la casa, y obedecerla.

Se escucha desde dentro la voz de la madre de Bernarda, que es muy difícil de controlar, y que tiene 80 años. Bernarda pide que la lleven al patio, y que tengan cuidado por lo que puedan ver los vecinos (más que por la **anciana**).

el abanico fan (handheld)

el ajuar trousseau (clothes and linen for future married life)

el/la anciano/a elderly man/woman

Key quotation

Bernarda: Hilo y aguja para las hembras. Látigo y mula para el varón. Eso tiene la gente que nace con posibles.

19

Activity

2 Completa el siguiente párrafo referido a esta escena con la palabra más adecuada:

En esta **1** escena/estrofa/conclusión *podemos ver cuáles son los* **2** carácteres/dones/roles *de las protagonistas de la obra, y especialmente apreciamos sus diferencias de* **3** físico/carácter/ vocabulario. *Bernarda es* **4** compasiva/simpática/odiosa *y desprecia al pueblo, Adela le pasa un* **5** ventilador/pañuelo/ abanico *de colores, lo que demuestra que tiene* **6** alegría/ pena/odio *de vivir, Martirio parece* **7** entusiasmada/resignada/ apasionada *a una mala vida, y Magdalena expresa* **8** rencor/ alegría/entusiasmo *e insatisfacción al tener que vivir* **9** libre/ esclavizada/encerrada. *Todo esto contrasta* **10** fuertemente/ levemente/medianamente *con la descripción de la abuela, que parece ser una mujer* **11** cuerda/loca/sensata, *pero feliz, que quiere* **12** casarse/divorciarse/separarse, *pero que está encerrada por Bernarda, quien la* **13** quiere/trata/escucha *como a un animal.*

Cuarta escena

Desde Martirio: Nos vamos a cambiar de ropa.
Hasta Bernarda: ¡Ni el pañuelo con que le hemos tapado la cara! (*Sale lentamente apoyada en el bastón y al salir vuelve la cabeza y mira a sus criadas.*)

malintencionadamente
maliciously

el portón gate

comportarse to behave

libertino/a licentious

el/la forastero/a
outsider

merecer to deserve

Las hijas quieren cambiarse de ropa. Al preguntar Bernarda dónde está Angustias, la mayor, Adela, la menor, le dice **malintencionadamente** que está en el **portón** escuchando a los hombres, lo cual disgusta a Bernarda, que la acusa de **comportarse** de manera indecente.

Al irse las hijas, la Poncia dice a Bernarda que Angustias solo es curiosa, y hablan de las historias de los hombres: que Paca la Roseta, una mujer **libertina**, fue llevada a caballo a un olivar por unos hombres. Bernarda sentencia que es la única mujer mala del pueblo, y la Poncia aclara que se debe a que la mujer, como los hombres, son **forasteros**.

La Poncia dice a Bernarda que sus hijas ya podrían tener novio, y que le sorprende que Angustias, de 39 años, nunca haya tenido uno. Bernarda cree que nadie del pueblo **merece** a sus hijas, y la Poncia le dice que debería haberse ido a otro pueblo, pero que en otro sitio habrían sido ellas las pobres. Bernarda la hace callar y la desprecia.

Key quotation

Bernarda: ¡Cuánto hay que sufrir y luchar para hacer que las personas sean decentes y no tiren al monte demasiado!

TASK

2 La Poncia cuenta lo que escuchó decir a los hombres sobre la aventura de Paca la Roseta porque son forasteros. Imagina y escribe el diálogo de lo que piensan las hijas de Bernarda de los forasteros.

Quinta escena

Desde (*Las criadas salen después. Entran Amelia y Martirio.*)
Hasta Martirio: ¡Dios me valga! (*Entra Adela.*)

Amelia y Martirio charlan sobre Adelaida, que no sale ni se arregla desde que tiene novio, y de cómo los hombres se protegen entre ellos. Martirio se siente aliviada de ser débil y fea para no **ser pretendida**, pero en realidad sí tuvo un **pretendiente** que no cumplió su promesa.

Llega Magdalena y les cuenta que Adela se ha puesto el traje verde que cosió para su cumpleaños para ir a dar de comer a las gallinas. Se ríen de esto. Magdalena comenta que Pepe el Romano, el joven más guapo del pueblo, pretende la mano de Angustias, a quien viene a ver en secreto. Magdalena la critica por ser una mujer vieja, **enfermiza** y **flaca**. Deducen que a ese hombre solo le interesa el dinero de Angustias, que recibió la herencia de su padre, el primer esposo de Bernarda.

ser pretendido/a to be courted for marriage
el pretendiente suitor

enfermizo/a sickly, unhealthy
flaco/a skinny

Key quotation

Amelia: De todo tiene la culpa esta crítica que no nos deja vivir.

Activity

3 ¿De qué personaje se trata cada una de estas frases?
1 Tiene una historia oscura en su familia.
2 Siente mucha nostalgia.
3 No es para nada atractiva, pero sí rica.
4 Es cínica sobre su estado de salud.
5 Tiene ilusión y no puede expresarla libremente.
6 Parece ser una persona interesada.
7 No se siente cómoda con los hombres.
8 Ha asesinado a alguien.
9 Quisiera que su hermana fuera feliz.
10 Sabe secretos que pueden herir a una persona.

Sexta escena

Desde Magdalena: ¿Te han visto ya las gallinas?
Hasta (*Adela queda en escena dudando… Salen Bernarda y la Poncia.*)

Al entrar Adela, **luciendo** su nuevo vestido verde, se ríen sobre su visita a las gallinas, pero Magdalena menciona que debe **regalárselo a** Angustias para su boda con Pepe el Romano. Este comentario sorprende **sobremanera** a Adela, y la pone nerviosa.

lucir to wear
regalar (a) to give a present (to)
sobremanera excessively

darse cuenta de (que) to realise

romper en llanto to burst out crying
la ira anger

Key quotation

Adela: ¡No, no me acostumbraré! Yo no quiero estar encerrada… ¡Mañana me pondré mi vestido verde y me echaré a pasear por la calle. ¡Yo quiero salir!

Adela **se da cuenta de que** su hermana mayor ha salido detrás del duelo para ver a Pepe, y que él es capaz de todo por el dinero.

Cuando Martirio le pregunta a Adela qué piensa, porque está silenciosa, la joven expresa su frustración, se desespera y **rompe en llanto** con **ira**, porque no quiere envejecer. Al contrario de su hermana, Adela quiere ponerse su vestido verde y salir.

De repente, todas se enteran de que pasará por la calle Pepe el Romano y van a verlo pasar, pero Adela se queda dudando, y después se va a su habitación.

GRADE BOOSTER

Remember that when you use a quotation it has to fit into your argument — a quote should not replace what you are going to say, but support it. Remember also not to use too many quotes or to 'shoehorn' quotations in just to impress the examiner, as this could cost you marks if it is not justified by your argument.

Séptima escena

Desde Bernarda: ¡Malditas particiones!
Hasta El final del primer acto.

la herencia inheritance
maquillado/a made up
el padrastro stepfather

Bernarda y la Poncia hablan sobre la **herencia**, que es mucho mayor para Angustias. Esta entra, **maquillada**, y Bernarda le reprocha que debe mucho más a su **padrastro** que a su verdadero padre, pero la hija no está de acuerdo. Bernarda le quita el maquillaje a la fuerza y le dice que se vaya. Entran todas las hijas, y Bernarda les aclara que ella mandará en la casa hasta que se muera.

María Josefa, la madre de Bernarda, viejísima, entra en escena con flores en la cabeza y el pecho, y exige a su hija que le dé su ropa de casamiento, porque ninguna hija se va a casar. Ella se quiere casar con un **varón** hermoso a la **orilla** del mar, y no quiere aceptar el destino impuesto a sus nietas por Bernarda, que la hace encerrar por la fuerza. María Josefa grita que quiere irse de allí.

el varón man
la orilla shore

Key quotation

Bernarda: ¡No os hagáis ilusiones de que vais a poder conmigo! ¡Hasta que salga de esta casa con los pies delante mandaré en lo mío y en lo vuestro!

TASK

3 ¿Cuál crees que es la historia detrás de la madre de Bernarda Alba? Escribe una breve redacción en la que expliques por qué ha terminado encerrada en la casa de su hija. Ten en cuenta la época, el lugar y sus costumbres.

Acto segundo

Primera escena

Hasta La Poncia: Yo tengo la escuela de tu madre. Un día me dijo no sé qué cosa y le maté todos los colorines con la mano del almirez. (*Ríen.*)

Encontramos a todas las hijas, excepto a Adela, en el interior de la casa, **cosiendo sábanas** y charlando entre ellas y con la Poncia. Hablan de Adela, a quien la Poncia encuentra rara, sin **sosiego**. Angustias dice que ella pronto saldrá del calvario que es estar encerrada. Inicia así una discusión entre Angustias y Magdalena.

La Poncia comenta que al levantarse a la una de la **madrugada**, todavía estaba Angustias en la ventana con Pepe el Romano. Angustias y Amelia piensan que el hombre se había retirado a la una y media, pero la Poncia dice que está segura de que lo oyó irse a las cuatro de la mañana.

Cuando Angustias les comenta la declaración de amor de Pepe en la ventana, **sienten vergüenza**, la Poncia recuerda cuando hizo lo propio su marido: fue un diálogo muy corto y algo **subido de tono**, y todas ríen. La Poncia les dice que la pasión de los hombres es corta.

coser to sew
la sábana sheet (bedding)
el sosiego calm

la madrugada the early hours of the morning

sentir vergüenza to feel embarrassment
subido/a de tono risqué

Build critical skills

2 ¿Cómo logra el autor ubicar al lector o espectador en el contexto de la Andalucía de la época en esta escena? Considera los personajes, sus opiniones, sus anécdotas, y escribe una respuesta corta.

Segunda escena

Desde Magdalena: Adela, niña, no te pierdas esto.
Hasta La Poncia: ¡Lo veremos!

Al ser traída por Magdalena, Adela dice que se siente mal, pero Martirio le insinúa, maliciosamente, que es porque no ha dormido. Esto irrita a Adela, que declara que ella hará con su cuerpo lo que quiera. La Poncia la **encara** y le dice que ha notado que tiene un romance con Pepe el Romano, y que la vio con la ventana abierta. Aunque Adela lo **niega**, La Poncia le exige que respete el futuro matrimonio de Pepe con su hermana Angustias, y la consuela diciéndole que finalmente él se casará con la más joven. La Poncia dice que quiere vivir en una casa decente. Adela entonces deja aflorar su pasión carnal por Pepe, y **desafía** a la Poncia. Angustias entra e interrumpe la discusión, y la Poncia cambia de tema, pero no promete mantener el secreto.

Key quotation

La Poncia: ...el hombre, a los quince días de boda, deja la cama por la mesa y luego la mesa por la tabernilla, y la que no se conforma se pudre llorando en un rincón.

encarar to confront
negar to deny

desafiar to challenge

Activity

4 Completa el siguiente párrafo referido a esta escena con un pronombre de objeto directo (*me, te, lo(le)/la, nos, os, los(les)/las*) o uno de objeto indirecto (*me, te, le, nos, os, les*) según corresponda. No olvides, que si *le/les* son seguidos por el objeto directo, se convierten en *se*.

Aunque trate de ocultar 1 ...., a Adela 2 .... fascina Pepe el Romano, y a la Poncia 3 .... resulta evidente. Es por eso que 4 .... encara y 5 .... exige respeto por su hermana. La Poncia opina lo siguiente: "A mí 6 .... parece que tu hermana no sobrevivirá el matrimonio, porque 7 .... matará tener un hijo con él. Entonces, él finalmente 8 .... elegirá a ti, Adela". Pero esto debe ser después de esperar, porque, según la vieja "no 9 .... podemos arriesgar a manchar nuestro honor de familia".

A Adela 10 .... indigna que la Poncia 11 .... 12 .... diga, porque es muy joven, y 13 .... consume la pasión por Pepe el Romano.

Tercera escena

Desde Magdalena: (*A Adela*) ¿Has visto los encajes?
Hasta La Poncia: Tened cuidado con no entreabrirla mucho, porque son capaces de dar un empujón para ver quién mira.

los encajes lace

los segadores reapers

Martirio, Amelia y Magdalena hablan de **encajes** nuevos. La Poncia habla de que serían buenos para ropa de bebés, y Magdalena y Amelia dicen que los niños requieren sacrificios.

De repente, todas escuchan que llegan los **segadores**, que vienen bajo el sol. Esto inspira mucha algarabía en su casa cerrada. Son muchos, y la Poncia dice que vienen de lejos, y que traen a una mujer licenciosa, lo cual le parece normal.

Se escucha el coro de los segadores que cantan bajo el sol. A Amelia y Martirio les parece increíble que lo hagan con tanto calor, pero Adela los envidia por su libertad. La canción invade la escena, y por unos instantes todas se dejan llevar. Todas deciden ir a la ventana del cuarto de Adela para verlos pasar cuando dan vuelta a la esquina.

Build critical skills

3 ¿Qué efecto tiene la música de los segadores en esta escena? Los personajes, ¿cómo reaccionan y por qué? Explica.

Cuarta escena

Desde (*Martirio queda sentada en la silla baja con la cabeza entre las manos.*)
Hasta Bernarda: ¡Fuera de aquí! (*Salen…*)

Acalorada, Martirio pregunta a su hermana Amelia a qué hora se durmió la noche anterior, porque ella escuchó gente en el corral de madrugada. Sin embargo, pide a Amelia que no **prevenga** a los demás. Angustias entra exasperada, porque han tomado el **retrato** de Pepe el Romano que ella tenía bajo su **almohada**. Entran la Poncia, Magdalena y Adela, y Martirio insinúa que "se escapó al corral", la Poncia insinúa que lo tomó Adela, pero ella **niega** tenerlo. Bernarda irrumpe en escena y, **furiosa**, pone orden. Envía a la Poncia a buscar el retrato, y al regresar esta y contar que estaba entre las sábanas de Martirio, Bernarda descarga su **cólera** sobre ella, insultándola.
Esta situación desemboca en una **riña** entre todas, en la que Martirio dice que **ha gastado una broma** a Angustias. Solo Bernarda logra imponer el silencio, y las acusa de haberle hecho pasar un terrible momento, pero declara que las dominará.

prevenir to warn
el retrato portrait
la almohada pillow
negar to deny
furioso/a furious

la cólera rage
la riña quarrel
gastar una broma to play a trick

TASK

4 En esta escena se pueden notar insinuaciones de lo que piensan las protagonistas, pero no lo dicen. Escribe un resumen de lo que piensa cada una de las siguientes:
● Martirio   ● Adela   ● Angustias   ● la Poncia

Key quotation

Martirio: ¡Calla y no me hagas hablar, que si hablo se van a juntar las paredes unas con otras de vergüenza!

Quinta escena

Desde Bernarda: ¡Tendré que sentarles la mano!
Hasta Bernarda: ¡Vosotras, al patio!

Bernarda dice a la Poncia que tiene que tener **mano férrea** con sus hijas, y que Angustias debe casarse con Pepe el Romano lo antes posible. La Poncia intenta confesar lo que sospecha, y le dice a Bernarda que abra los ojos, pero Bernarda no le hace caso. La Poncia le advierte que hay "una cosa muy grande" en la casa, y le reprocha que haya **ahuyentado** al pretendiente de Martirio, Enrique Humanes. Bernarda acusa a la Poncia de querer ver en la ruina a ella y a sus hijas. La Poncia sugiere que Pepe estaría mejor casado con Martirio o con Adela, e insiste con la última. Sin embargo, Bernarda se empecina en su decisión, y la Poncia le advierte que una vez **sueltas**, las hijas se rebelarán contra ella. Bernarda, inflexible, dice que las dominará. Finalmente, la Poncia dice que Pepe se ha estado retirando de una ventana a las cuatro y media. Martirio corrobora el comentario, Angustias dice que lo ha visto solo hasta la una, y Adela culpa a la Poncia de **sembrar sospechas**. La Criada dice que hay revuelo afuera, y salen todas.

la mano férrea iron fist
ahuyentar to chase away
suelto/a freed

sembrar sospechas to plant suspicions

Key quotation

La Poncia: Bernarda: aquí pasa una cosa muy grande. Yo no te quiero echar la culpa, pero tú no has dejado a tus hijas libres.

Build critical skills

4 Esta es una escena crítica en la obra. ¿Cómo logra el autor crear tensión en el diálogo entre los personajes?

Sexta escena

Desde (*Entran Martirio y Adela, que se quedan escuchando y sin atreverse a dar un paso más de la puerta de salida.*)
Hasta El final del segundo acto.

desafiar to challenge

soltero/a single

ocultar to hide

vengativo/a vengeful
castigar to punish
espantar to horrify
el vientre belly

Martirio y Adela **desafían** la una a la otra, Martirio con romper el romance entre Adela y Pepe, y Adela con luchar por su amor por él.
La Poncia explica que el tumulto fuera se debe a que una mujer **soltera**, la hija de la Librada, tuvo un hijo con alguien desconocido, y que para **ocultar** su vergüenza, lo mató y lo ocultó, pero unos perros lo sacaron y lo dejaron en su puerta. Es por eso que la gente del pueblo la quiere matar.
Bernarda, **vengativa**, dice que deben **castigar** a la pecadora. Esto **espanta** a Adela, que implora que la dejen escapar. Bernarda grita que acaben con la mujer antes de que llegue la guardia, y que pongan un carbón en su **vientre**, como señal de castigo por su pecado. Esto aterra a Adela.

Key quotation

Bernarda: Y que pague la que pisotea la decencia.

Activity

5 Decide si las siguientes frases referidas a esta escena son verdaderas o falsas:
1 Martirio no sabe que Adela y Pepe se encuentran en secreto.
2 Adela está dispuesta a todo para mantener su amor por Pepe.
3 Hay escándalo en las calles del pueblo.
4 Unos perros mataron a un bebé.
5 La gente del lugar quiere vengarse de una mujer.
6 Bernarda y Adela tienen ideas contrastantes de lo que hay que hacer en esa situación.
7 Para Martirio, la mujer en cuestión es inocente.
8 La gente está tratando de hacer justicia por mano propia.
9 Bernarda quiere castigar a Adela con un carbón en su panza.
10 Adela no siente compasión por la mujer, que le resulta extraña.

Acto tercero

Primera escena

Hasta Las cinco (*A la vez*): Vaya usted con Dios. (*Pausa. Sale Prudencia.*)

Bernarda y sus hijas están sentadas a la mesa con una visita, Prudencia. La invitada habla de su marido, que se peleó con su familia, y de su hija, que los **ha desobedecido**. Bernarda apoya el machismo y el castigo a la hija.

Se oyen fuertes **golpes** en los muros, que **asustan** a Prudencia, y Bernarda aclara que es el **semental**. Ambas comentan que se comporta como un hombre.

Prudencia pregunta sobre la fecha de la boda de Angustias con Pepe, y Angustias le muestra el **anillo de compromiso**. Prudencia nota que es de tres perlas, que en su tiempo significaban **lágrimas**, pero Angustias dice que las costumbres han cambiado. Adela dice que debería ser de diamantes. Prudencia entonces habla de los muebles que le han regalado; nuevamente, señala que lo importante es que haya buena intención, y nuevamente Adela insinúa que no la hay.

Al oírse el último toque para el rosario en la iglesia, Prudencia se despide y todas la saludan.

desobedecer to disobey

el golpe knock, blow

asustar to scare

el semental stallion

el anillo de compromiso engagement ring

la lágrima tear

Key quotation

Bernarda: Una hija que desobedece deja de ser hija para convertirse en una enemiga.

Activity

6 En esta escena se mencionan varias supersticiones. A continuación tienes las dos mencionadas y otras más que son comunes en la cultura hispana. Describe qué significan las siguientes, y si se pueden "neutralizar":
  1 derramar sal
  2 regalar un anillo de compromiso que no sea de diamantes
  3 que cruce un gato negro
  4 el día martes 13
  5 romper un espejo

Segunda escena

Desde Bernarda: Ya hemos comido. (*Se levantan.*)
Hasta (*Martirio bebe agua y sale lentamente, mirando hacia la puerta del corral.*)

Después de comer, Adela **se dispone a** llegar hasta el **portón** y tomar un poco de fresco, y Amelia y Martirio la acompañan. Magdalena **se recuesta** en una silla y se queda dormida, y Bernarda habla con Angustias. Le dice que debe olvidar que Martirio ha escondido el retrato de Pepe, y Angustias confiesa que nota **distraído** a Pepe cuando la visita, ante lo cual su madre le **aconseja** ignorarlo. Angustias comenta

disponerse a to get ready to

el portón gate

recostarse to lean back

distraído/a distracted

aconsejar to advise

que Pepe se fue con su madre a la capital, y que no vendrá a visitarla esa noche.

Al regresar, Amelia, Adela y Martirio hablan de la oscuridad profunda fuera, de cómo el caballo semental, blanco, llena todo lo oscuro, y del cielo estrellado que observaron. Adela quiere saber por qué se recitan unos versos a Santa Bárbara al ver una **estrella fugaz**, pero Bernarda no lo sabe. Martirio mira a Adela con ironía y sospecha.

la estrella fugaz
shooting star

Key quotation

Bernarda: Cada uno sabe lo que piensa por dentro. Yo no me meto en los corazones, pero quiero buena fachada y armonía familiar.

Build critical skills

5 Esta escena tiene algunos símbolos e imágenes, que cobran relevancia en la obra. ¿Qué simbolizan en tu opinión los siguientes de acuerdo a cómo reaccionan los personajes ante ellos?

- la noche oscura
- las estrellas grandes
- la nube de polvo que tapa a Pepe cuando habla con Angustias
- el caballo blanco llenando todo lo oscuro
- el verso a Santa Bárbara

Tercera escena

Desde La Poncia: ¿Estás todavía aquí?
Hasta La Poncia: No nos van a dejar dormir. *(Salen.)*

el asunto issue
advertir to warn
el chisme gossip
obcecado/a obstinate, stubborn
la tormenta storm
resuelto/a resolved
luchar to fight

Al irse a dormir las hijas, Bernarda dice a la Poncia que ella tiene todo bajo control y que se siente infalible ante sus hijas. La Poncia trata de distanciarse del **asunto**, pero le **advierte** que solo controla sus cuerpos, y no sus sentimientos. Bernarda, petulante, dice que no hay cómo encontrar **chismes** sobre su casa.

Bernarda se retira a dormir, y la Criada y la Poncia hablan de lo **obcecada** que es su patrona. La Poncia dice que hay **tormentas** en cada cuarto de la casa, y que el año anterior Adela provocó a Pepe el Romano. La Poncia dice que ve a Adela **resuelta a luchar** por su amor, y a sus hermanas dispuestas a pelear.

La Criada dice que las hijas son malas, pero la Poncia comprende que se trata solo de mujeres sin un hombre. Es entonces que oyen ladrar a los perros y ven a Adela entrar en ropa interior. La joven les comenta que la despertó la sed y que va a buscar agua. Todas salen.

Activity

7 Completa el siguiente párrafo con los verbos en el indicativo o el subjuntivo:

*Bernarda todavía no **1** ha logrado/haya logrado ver que aunque ella vigila permanentemente a sus hijas, ellas **2** se sienten/se sientan atraídas hacia Pepe. La Poncia le aconseja que **3** abre/abra bien los ojos, pero Bernarda no la escucha, y cree que la sirvienta **4** quiere/quiera contar chismes sobre su casa. Si ella la **5** escuchaba/escuchara, notaría que Adela **6** está/esté realmente muy rara, pero no lo hace. La matriarca dice que es mejor que se **7** mantiene/mantenga el orden externo ante todo. La Poncia, sin embargo, teme que estas mujeres solas se **8** atacan/ataquen entre ellas, porque Pepe el Romano **9** fue/fuera provocado por Adela, y Martirio lucharía por él si **10** tiene/tuviera la oportunidad.*

Cuarta escena

Desde (*La escena queda casi a oscuras.*)
Hasta (*Martirio cierra la puerta por donde ha salido María Josefa…*)

Entra en escena María Josefa, la madre **demente** de Bernarda, con una **oveja** en los brazos, que considera su niño, y le recita unos versos. Ella sueña con irse lejos, a la orilla del mar, y escapar de la casa de Bernarda. Adela aparece y se va al **corral** sigilosamente. Martirio sale también, en **enaguas**, para vigilar, y se topa con María Josefa, que le pide que la acompañe a salir, y que no la reconoce al principio. La vieja le dice que ya sabe que tiene una oveja en brazos, pero que ella formará una familia. Le advierte a su **nieta** que Pepe el Romano es un gigante, y que las va a **devorar**.

Martirio logra empujar a su cuarto a la anciana, que se va llorando y recitando a la ovejita en sus brazos.

demente insane
la oveja sheep
el corral pen (for animals)
la(s) enagua(s) underskirt(s)
el/la nieto/a grandson/daughter
devorar to devour

Build critical skills

6 El personaje de María Josefa está loco, pero dice cosas que tienen mucho sentido. ¿Cómo interpretas su verso y sus palabras a Martirio, sobre tener un hijo con pelo blanco y formar una familia? ¿Qué crees que logra el autor con esta escena?

Key quotation

La Poncia: ¿Tú ves este silencio? Pues hay una tormenta en cada cuarto. El día que estallen nos barrerán a todos.

Key quotation

María Josefa: ¿Por qué aquí no hay espumas? Aquí no hay más que mantos de luto.

Quinta escena

Desde Martirio: (*En voz baja.*) Adela. (*Pausa. Avanza hasta la misma puerta. En voz alta.*) ¡Adela!

Hasta Adela: Dios me ha debido dejar sola, en medio de la oscuridad, porque te veo como si no te hubiera visto nunca.

desafiante defiant

la discusión argument

herir to hurt

rechazar to reject

el/la amante lover

Martirio llama a Adela desde la puerta del corral para que vuelva a la casa, y su hermana aparece despeinada. Martirio le exige que deje a Pepe, pero Adela, **desafiante**, le dice que apenas empieza a luchar por su amor.

En la **discusión**, Martirio dice que Pepe vino por el dinero de Angustias, y que solo está con Adela porque se cruzó en su camino, pero la más joven dice que solo la quiere a ella. Esto **hiere** profundamente a Martirio, que finalmente admite que ella también ama a Pepe el Romano. Adela intenta abrazarla y reconciliarse, pero Martirio la **rechaza**, y le dice que solo puede verla como mujer y como su rival.

Adela declara que no le interesa que Pepe se case con Angustias, y que ella lo esperará en una casita para ser su **amante**. Martirio jura que no dejará que eso suceda, que tiene una fuerza mala adentro.

Key quotation

Martirio: (Dramática.) ... ¡Sí! Déjame que el pecho se me rompa como una granada de amargura. ¡Le quiero!

Activity

8 Decide si las siguientes frases referidas a esta escena son verdaderas o falsas:

1 Adela es la amante de Pepe el Romano.
2 Lo que hace Adela es noble para su familia.
3 Martirio ama a Pepe el Romano.
4 Pepe el Romano se quiere casar con Angustias solo para estar cerca de Adela.
5 Martirio quiere que Pepe se case con ella.
6 Adela quiere el perdón de Martirio.
7 Martirio se mudará a una casita para ser la amante de Pepe.
8 Martirio considera a Adela su enemiga.

Sexta escena

Desde (*Se oye un silbido y Adela corre a la puerta, pero Martirio se le pone delante.*)

Hasta El final.

interponerse to stand in the way of

el bastón walking stick

partir (en dos) to break (in two)

Al escuchar el silbido de Pepe y querer volver Adela al corral, Martirio se le **interpone**, llama a los gritos a su madre y la delata. Bernarda se despierta y sale. Furiosa, le hace frente a su hija menor, pero Adela toma su **bastón** y lo **parte en dos**, diciéndole que ya no puede

Adela declara su amor por Pepe, especialmente a Angustias, y dice que él está fuera, respirando como un león. Angustias la acusa de ser una ladrona. Bernarda pide su **escopeta**, y sale de escena con Martirio. Se oye un **disparo**, y al entrar en escena ambas, Martirio dice "Se acabó Pepe el Romano". Desesperada, Adela sale corriendo, y nos enteramos de que Bernarda en realidad no acertó en el disparo, y que Pepe salió corriendo en su **jaca**. Es entonces que Martirio confiesa que lo dijo porque siente odio por su rival, Adela.

De repente, se oye un golpe y Bernarda busca a Adela, que no abre su puerta. La Poncia logra entrar, da un grito y sale. Al llevarse las manos al cuello, Bernarda jura que se vengará de Pepe por la muerte de su hija, y exige que vistan a Adela como una **doncella** y que nadie diga nada. Dice que Adela ha muerto virgen y exige silencio, que no haya **llanto**, que se hundirán todas en un mar de luto.

la escopeta gun

el disparo gunshot

la jaca (E) mare

la doncella (virgin) maiden

el llanto cries

Key quotation

Adela: Esto hago yo con la vara de la dominadora….En mí no manda nadie más que Pepe.

Activity

9 Ordena los hechos del final de esta tragedia. Te damos el primero:
  1 Adela intenta volver al corral con Pepe.
  a Bernarda pide un arma de fuego y sale.
  b Martirio no deja salir a Adela.
  c Martirio miente al decir que Bernarda mató a Pepe.
  d Martirio llama a Bernarda y le dice la verdad sobre Adela y Pepe.
  e Bernarda exige que todas mantengan una fachada de dignidad.
  f Se escucha un disparo.
  g Adela se va a su cuarto y se ahorca.

31

Actividades

1 Decide si las siguientes frases referidas al Acto primero de *La casa de Bernarda Alba* son verdaderas o falsas. Justifica tu elección en cada caso.

  1 Cuando la Criada y la Poncia hablan de Bernarda, es evidente que sienten gran respeto y admiración por su patrona.

  2 Bernarda decreta que el luto será largo porque es una costumbre familiar.

  3 La historia de mujeres del pueblo como Paca la Roseta llenan de alegría a Bernarda, porque las considera honradas.

  4 Como Pepe el Romano es un joven de 25 años, guapo y buen partido, a las hermanas les parece muy bien que pretenda casarse con Angustias, que tiene su edad.

  5 Adela no luce un vestido de color para una fiesta, sino para en una labor doméstica.

  6 Cuando Adela se entera de que Pepe pretende a Angustias, se siente frustrada y quiere escaparse de la casa.

  7 Angustias, la hija mayor de Bernarda, es más pobre que las demás.

  8 María Josefa, la madre de Bernarda, quiere que la lleven a su cuarto para estar tranquila.

2 Las siguientes oraciones se refieren al Acto segundo de la obra. Une la primera parte de la frase con su final. ¡Cuidado! Hay dos finales de más.

  1 Aunque le sugieren que borde las iniciales de su novio en las sábanas, …

  2 La Poncia entretiene a las hijas, …

  3 Sabemos por la Poncia que mientras visitaba la casa por la noche, …

  4 Adela confiesa a la Poncia…

  5 Al llegar los segadores al pueblo, …

  6 Una de las hermanas ha robado el retrato de Pepe, …

  7 Aunque la Poncia trate de prevenir a Bernarda sobre el romance entre Pepe y Adela, …

  8 La hija de la Librada es una mujer que mató a su hijo ilegítimo, …

  a y finalmente se establece que fue Martirio.

  b la patrona se empecina en que tiene todo bajo control.

  c las hijas se alegran con la algarabía que hay fuera de la casa.

  d las hijas piensan que han traído costumbres malas de forasteros al pueblo.

  e Pepe el Romano fue primero a la ventana de Angustias y después a la de Adela.

  f por lo que todo el pueblo quiere matarla, pero no Adela.

  g con historias de cómo le declaró el amor su esposo, y como cambió.

  h que ni ella ni nadie podrá detener su romance con Pepe.

  i que solo su madre podrá impedir que tenga relaciones con Pepe.

  j Angustias no quiere tener el nombre de Pepe el Romano en ellas.

3 El siguiente texto es un resumen del Acto tercero de la obra. Elige la palabra que consideres más adecuada para completarlo.

El tercer acto de la **1** *obra/escena/actuación empieza con la visita de Prudencia a la casa de Bernarda, que* **2** aparentemente/ realmente/instantáneamente *está en orden, pero donde en* **3** actualidad/realidad/hecho *están pasando varias cosas.*
El **4** feliz/tranquilo/inquieto *caballo garañón y varios signos de mal* **5** suerte/agüero/dicho, *como el anillo de* **6** perlas/diamantes/ topacio *de Angustias, nos dan a entender que las cosas no* **7** pasarán/irán/entrarán *bien. Bernarda,* **8** obcecada/esperanzada/ paciente, *ignora todos los signos de que suceden cosas* **9** sobre/ tras/bajo *sus narices, como se lo advierte la Poncia. Parece haber un respiro cuando María Josefa, la madre* **10** demente/sabia/ feliz *de Bernarda, entra en escena con una ovejita, cantando y expresando que quiere irse y formar una familia, una* **11** idea/ premonición/adivinanza *de los deseos de Adela. Al tratar de escaparse Adela, Martirio,* **12** envidiosa/intolerante/bondadosa *llama a su madre, que sale a buscar a Pepe con una* **13** escopeta/ soga/daga, *acompañada por Martirio. Se oye un disparo, y al entrar nuevamente, Martirio, dice una cruel mentira: que Bernarda* **14** murió/espantó/mató *al joven. Adela entonces se va y se* **15** dispara/apuñala/ahorca *en su cuarto. Al descubrirla, Bernarda nuevamente exige que hagan silencio todas, que no lloren, y que* **16** mientan/desmientan/piensen *que Adela ha muerto virgen.*

— *everything appears to be in order*

4 Completa el siguiente resumen de la obra *La casa de Bernarda Alba* con una de las palabras del recuadro:

lorquiana	rebelarse	férrea
advierte	fiel	altera
autoritaria	trágica	celosa
razón	luto	masculina

La tragedia **1** lorquiana *La casa de Bernarda Alba cuenta la historia de una viuda que tiene cinco hijas, una de su primer matrimonio, que es más rica, con las que vive en un pueblo pobre. Bernarda es cruel y* **2** ...., *y exige que sus hijas estén de* **3** luto *durante 8 largos años. No tolera las opiniones ni la voz de la* **4** razón, *incluso la de su* **5** fiel *criada, la Poncia, que le* **6** advierte *que sus hijas deben ser libres. Cuando acepta que la hija mayor, Angustias, se case con un joven, Pepe el Romano, vemos que la presencia* **7** masculina *(nunca en escena)* **8** altera *a las hermanas, y que el hombre visita en secreto a Adela, la hija menor de Bernarda. Esta joven decide* **9** rebelarse *contra la mano* **10** autoritaria *de su madre, pero debido a la mentira de Martirio, su hermana que está* **11** férrea, *se suicida. Sin embargo, Bernarda no permite que se conozca la verdadera y* **12** trágica *historia de amor.*

Narración

Acto primero

Funeral del marido de Bernarda. La Poncia y la Criada, solas, limpian y critican a Bernarda.

↓

Bernarda y sus hijas entran con las mujeres del pueblo, que critican a Bernarda entre letanías.

↓

El luto durará 8 años, en los que nadie entrará en la casa.

↓

Bernarda se pone furiosa porque Angustias ha estado en el portón escuchando a los hombres.

↓

Adela se pone su vestido verde. Magdalena dice que Pepe el Romano quiere casarse con Angustias.

↓

Adela se pone nerviosa al saber que Angustias va a casarse con Pepe.

↓

Bernarda y la Poncia hablan sobre la herencia. María Josefa dice que quiere casarse y vivir a la orilla del mar.

Acto segundo

Las hermanas hablan de cuando Pepe vino a cortejar a Angustias. Ella afirma que Pepe la dejó a la una, pero la Poncia dice que se fue a las cuatro.

↓

Adela declara que hará lo que quiera con su cuerpo. La Poncia intenta convencerla de que deje a Angustias casarse con Pepe.

↓

La llegada al pueblo de los alegres segadores anima a las hermanas.

↓

Martirio ha robado el retrato de Pepe de la habitación de Angustias, pero dice que fue una broma.

↓

La Poncia insinúa que Adela está enamorada de Pepe, porque él no se fue hasta las cuatro de la mañana.

↓

Martirio y Adela discuten sobre Pepe. El asesinato del niño ilegítimo de la hija de la Librada y su persecución horrorizan a Adela, pero no a Bernarda.

Acto tercero

La familia cena con una vecina, Prudencia. Mientras hablan de la boda, hay presagios de mala suerte.

↓

Adela quiere tomar el fresco, pero las otras hermanas la vigilan. Angustias le dice a Bernarda que Pepe no vendrá a la reja aquella noche.

↓

Bernarda sigue rechazando el consejo de la Poncia y va a acostarse. Sale Adela en enaguas.

↓

Sale María Josefa con una ovejita en los brazos, recitando versos, y advirtiendo que Pepe va a destruirlas.

↓

Martirio admite a Adela que está enamorada de Pepe, y dice que va a impedir que Adela lo vea. Adela la desafía.

↓

Se oye un silbido (de Pepe). Martirio no deja salir a Adela. Bernarda dispara a Pepe, quien huye. Martirio dice que Pepe se acabó. Adela, creyendo la mentira, se suicida.

Vocabulario

la almohada pillow
el/la amante lover
el bastón walking stick
bordar to embroider
el castigo punishment
los celos jealousy
el chisme gossip
la cólera rage
comportarse to behave
coser to sew
de luto in mourning (i.e. in black)
desafiante defiant
el desenlace outcome
desobedecer to disobey
despreciar to spurn, to look down one's nose
el disparo gunshot
la doncella (virgin) maiden
la(s) enagua(s) underskirt[s]
los encajes lace
encerrado/a locked in
enfermizo/a sickly, unhealthy
la escopeta gun
la herencia inheritance
honrado/a honorable
la ira anger
luchar to fight
la madrugada the early hours of the morning
negar to deny
obcecado/a obstinate, stubborn
ocultar to hide
el portón gate
prevenir to warn
el "qué dirán" rumours, gossip (lit. *the what they will say*)
el retrato portrait
los segadores reapers
soltero/a single
la tormenta storm
vengativo/a vengeful

La reputación y el "qué dirán"

Uno de los temas centrales que subyacen en la obra es la reputación, tanto de una persona como de una familia. Bernarda es una persona **adinerada**, que **ha enviudado** dos veces y que es de un estatus alto. Además, sus cinco hijas están **solteras**, y una de ellas, Angustias, es más rica que las demás. Esto ejerce una gran presión social sobre los personajes, y Bernarda está **empecinada en que** se mantenga el buen nombre de su familia **a toda costa**. Sin embargo, su obsesión y **obstinación** se basan más en **el "qué dirán"** que en el verdadero honor.

Lorca not only created a literary masterpiece, but was voicing a social critique of that time. Families living in rural and small-town Andalusia were under strict scrutiny from society, and this included the Catholic Church, which demanded observance of its conventions.

Andalusian society placed great value on wealth and respectability. Bernarda was married and widowed twice, and her first husband, the father of Angustias, was wealthy. This makes the oldest daughter more respectable and desirable for a suitor, Pepe el Romano — as La Poncia clearly points out that '…las demás mucha puntilla bordada, muchas camisas de hilo, pero pan y uvas por toda herencia'. Money and social background are so important that Bernarda rejected Martirio's suitor as 'su padre fue gañán' (i.e. a labourer).

Respectability and a high social position are also demonstrated in the play by the fact that the whole town went to the funeral and the *responsos* (prayers for the dead) and that a large group of women (200 in Lorca's stage directions) come to pay their respects. The servants, especially the Criada and La Poncia, have toiled incessantly to make the house sparkling clean, but Bernarda still finds fault with it; this attitude has to do with asserting her higher social status over her servants. Lorca's genius, however, lies in the way they utter insults in asides when a series of litanies are said for the eternal repose of Bernarda's husband. These, together with the hyperbolic wishes of well-being that they utter when they leave, show fake respect.

What Lorca is skilfully portraying is the concept and fear of *el "qué dirán"*, a fear still very common in Spanish society, which drives people to be extremely hypocritical; they appear respectable even if their private actions or thoughts are the very opposite. It was therefore in a family's best interest to try never to investigate them. La Poncia points to the consequences of *el "qué dirán"* when she talks about Paca la Roseta going away with a man on a horse: 'Dicen que iba con los pechos fuera y Maximiliano la llevaba cogida como si tocara la

---

adinerado/a wealthy

enviudar to be widowed

soltero/a single

empecinarse (en que) to be insistent

a toda costa at all costs

la obstinación stubbornness

el "qué dirán" rumours, gossip (lit. '*the what they will say*')

Key quotation

Bernarda: Las lágrimas cuando estés sola. ¡Nos hundiremos todas en un mar de luto! Ella, la hija menor de Bernarda Alba, ha muerto virgen. ¿Me habéis oído? ¡Silencio, silencio he dicho! ¡Silencio!

[Acto tercero]

guitarra. ¡Un horror!' These are probably lies and exaggerations, but that person will be branded as an 'easy woman' from then on in the town.

This obsession with social acceptance constitutes a central theme of the play as it is the driving force within Bernarda's character. She is so caught up in appearances that she is incapable of seeing what is really going on and so ignores the warnings from La Poncia that 'aquí pasa una cosa muy grande', even when La Poncia's son saw Pepe leaving the window at 4 a.m. This flaw is a major one in Bernarda's character, and leads to the tragic suicide of her daughter. Even after the death, Bernarda's arrogance and obsession with respectability come to the fore, as she insists — in the final speech of the play — that it is more important to preserve the image of Adela as a virgin than to feel devastation at her killing herself.

El amor y el deseo

En esta obra de teatro, existe el amor **fraternal** hacia la familia, pero este se encuentra **sofocado** por las **reglas**, y parece ser una obligación. Muchas veces, la envidia y los **celos** hacen que desaparezca. Lo que más prevalece entre las jóvenes (incluso en su abuela) es el deseo de tener una **pareja** amorosa y sexual. Este deseo está personalizado en Pepe el Romano, que, aunque no aparezca nunca en escena, es una fuerza social y **primitiva** en los personajes, que motiva la acción y el final trágico.

Love and desire are two central topics that are intertwined in this play. In the relationship between the women that live in Bernarda Alba's house, love is overshadowed by her strong character.

Audiences are likely to be shocked by the way Bernarda treats her frail mother, María Josefa, who she locks up in a back room. This character's significance becomes clear when we see, in the third act, that the 'crazy' María Josefa has a lot of love to give and wants to get married by the sea, and that she wants to have babies (she holds a sheep and pretends it is her child). This is a powerful dramatic metaphor which tells the audience that love is not rational, but an emotion that makes us act in irrational ways; it makes us dream, and if we lock it up, like Bernarda did with María Josefa, rather than controlling it, it will continue to live and grow, and will strive to come out, as it is essential in all of us.

Love between sisters is also present in the play, as the five sisters have a very close relationship. We can see instances of such sisterly love when Amelia asks (a cynical) Martirio if she has taken her medicine. Such instances of care and attention, however, are overshadowed by a much stronger sense of envy and jealousy.

The central theme of the play, the one that underlies the actions of Bernarda's daughters, is the desire to be loved and to fulfil this essential need. Bernarda's

TASK

1 Encuentra cinco ocasiones en las que es evidente la importancia del "qué dirán" en la obra.

fraternal brotherly/sisterly, fraternal

sofocado/a suffocated

las reglas rules

los celos jealousy

la pareja partner

primitivo/a primeval

Key quotation

Adela: Ya no aguanto el horror de estos techos después de haber probado el sabor de su boca. Seré lo que él quiera que sea.

[Acto tercero]

quejarse (de) to complain

en voz baja in a low voice

imponer to impose

el bastón walking stick

infligir un castigo to inflict a punishment

Key quotation

Adela: (Haciéndole frente.) ¡Aquí se acabaron las voces de presidio! (Adela arrebata un bastón a su madre y lo parte en dos.) Esto hago yo con la vara de la dominadora. No dé usted un paso más. ¡En mí no manda nadie más que Pepe!

[Acto tercero]

imposition that the mourning will last for 8 years and that 'no ha de entrar en esta casa el viento de la calle' creates a clear conflict amongst these young women, who would naturally want to have a lover. We find out that Adela, a young girl who is 'en edad de merecer' (i.e. ready to have a lover) is seeing Pepe el Romano in secret after he comes to visit her sister Angustias' window. Adela is full of passion and bravery to defend this love. Pepe el Romano is the embodiment of sexual desire and of passionate love. We as an audience are constantly reminded that, like the stallion, which Bernarda calms down by asking the servants to give him freedom but not the mares, men will want to possess the bodies of the daughters. However, Bernarda will not set the girls free to fulfil their natural urges.

Jealousy drives Martirio to lie when, after Bernarda shoots at Pepe el Romano but misses, she says: 'Se acabó Pepe el Romano'. This proves what Martirio has declared before: that in matters of love, two women that fight for the same man become enemies even if they are related. This final act of jealousy is fatal, as it triggers Adela's exit and her suicide.

La autoridad y el orden

Uno de los aspectos que sobresalen en esta obra es que Bernarda actúa con mucha autoridad. Los otros personajes **se quejan de** que es "mala, más que mala", que tiene "lengua de cuchillo" e incluso que es una "¡Vieja lagarta recocida!", pero todo esto es dicho **en voz baja**, ya que Bernarda **impone** su autoridad y un orden superficial, y se cree invencible. Usa su **bastón** para golpear el piso e imponer silencio, o incluso para golpear a personas para **infligirles un castigo**. Sin embargo, Adela, la más joven de las hijas, toma su bastón y finalmente, al partirlo en dos, rompe con la imposición dictatorial de su madre, dejando así en claro que su pasión, y no su madre, dicta sus emociones.

It could be argued that although authority is ever-present in this play, authoritarianism takes precedence in most instances. The way Bernarda exercises her authority on her daughters is the root of her downfall and is essential to the play, as it has a strong impact on the other characters. Her main justification for such treatment comes in the form of tradition: she imposes an extremely long *luto* on her daughters, forbidding them to leave the house for 8 years; she does not stop to consider that they are young and that they have needs. In fact, she refuses to think about this.

A simple innocent act such as handing her a fan that is not the correct colour can get Bernarda fired up and incite her to become violent. She bangs the floor with her stick to impose silence, much as a judge would do in a courtroom. She hits Angustias with her stick when she finds out her eldest daughter has been listening to the men in the patio, and she also hits Martirio when she learns that she has hidden Pepe's portrait from Angustias. This repression has an adverse effect; other characters hate her even more and seek revenge. The women that come to the house clearly despise her for her arrogance; la Criada plans to steal food from her as she considers her to be mean, her mother calls her 'cara de leoparda' and even La Poncia says that one day she will spit on her for a whole day. This clearly shows that Bernarda's authority is not earned, it is merely imposed.

Adela keeps her romance with Pepe el Romano secret from her mother, but her wish to live life to the full is stronger than her fear of defying her authority. We therefore see Adela wearing her green dress, even if it is just to feed the chickens, and we hear that she has furtive encounters with Pepe el Romano until 4 a.m., in clear defiance of her mother's rules. When Bernarda finally finds out that the young Adela has been having relations with the man and wants to hit her, Adela stands up to her and states that Bernarda's dictatorship is over. Her act of grabbing her mother's stick and breaking it in two is symbolic of standing up to dictatorial authority and elicits the empathy of the audience.

La tradición

En la obra *La casa de Bernarda Alba*, la tradición **se convierte en** un tema que dicta las acciones y reacciones de los personajes. La **falta de** libertad, la **tristeza** y la **angustia** que experimentan las mujeres de la casa se deben a que han de cumplir con las tradiciones de llevar el negro del luto, de aceptar las órdenes de los padres, incluso cuando **atentan contra** la felicidad propia, y de dar la bienvenida a la casa a personas que claramente no sienten simpatía. Cada personaje tiene un rol "tradicional" que debe cumplir, y sus verdaderas intenciones tienen que ser reprimidas.

While Lorca wanted to criticise the Andalusian society of his time, he also portrayed it, and tradition is an underlying theme of *La casa de Bernarda Alba*. Lorca even issues a warning on the first page: '*El poeta advierte que estos tres actos tienen la intención de un documental fotográfico*'.

As soon as the curtains open in the first act, we see a traditional house, which has to be decorated in a very particular style according to the author, who stipulates the colour of the walls, what the furniture should be like and even the themes of the paintings hanging on the walls. We then hear the tolling of bells and see the Criada complaining that she has to hear them time and time again, as is customary when there is a funeral. The mourning period of 8 years that Bernarda imposes on her single daughters is also a tradition, clearly exaggerated for dramatic effect, and is an essential part of the play.

When Bernarda receives the mourners in the first act, she knows that they talk about her behind her back, but she cannot refuse them entry, and the men have to stay outside and be looked after, as was customary. The play also includes traditions that symbolise freedom of spirit and light: this is clear in the visit of the *segadores* who sing, bringing some much-desired happiness and relief to the women who are locked in Bernarda Alba's oppressive house.

Build critical skills

1 ¿Qué características trata de resaltar Lorca en Bernarda? ¿Cómo lo hace?

convertirse en to become
la falta (de) lack (of)
la tristeza sadness
la angustia anguish
atentar (contra) to threaten

Key quotation

Bernarda: En ocho años que dure el luto no ha de entrar en esta casa el viento de la calle. ... Así pasó en casa de mi padre y en casa de mi abuelo.

[Acto primero]

TASK

3 Además del luto, menciona por lo menos dos tradiciones que se observaban en la época y que crean un ambiente dramático en la obra. ¿Cómo logra acentuarlo el autor?

The religious values of the era are not treated uncritically by Lorca: he creates irony when short insults are directed at Bernarda in a low voice by the visitors, and immediately afterwards they start chanting litanies and prayers. When talking about priests there is also some sarcasm, as La Poncia insinuates that women lust after them. Bernarda states: 'Las mujeres en la iglesia no deben mirar más hombre que al oficiante, y a ése porque tiene faldas'.

The traditional way of courting a woman in Andalusia at the time was by approaching her *reja*, as Pepe does with Angustias, and it is this custom that allows him to visit a second window, that of Adela, later in the night.

The play ends tragically with another reference to tradition. When Adela takes her own life because she thinks her mother has killed Pepe, Bernarda represses her feelings and those of the other daughters and servants, and states: 'Llevadla a su cuarto y vestirla como si fuera doncella. … Avisad que al amanecer den dos clamores las campanas'. Traditions are invoked to keep up appearances rather than to respect a time-honoured custom.

La libertad

lorquiano/a written by Federico García Lorca

maltratar to abuse

seguir los designios de to follow the path of (metaphorical)

el encierro confinement

el caldo de cultivo (para) breeding ground for (lit. *broth to grow*)

el desenlace denouement

En esta obra **lorquiana**, podemos ver desde el principio que lo más deseado, y lo imposible de obtener para los personajes, es la libertad. La libertad total es gozada por los hombres, que no se ven. Ellos tienen relaciones con mujeres poco respetables, y pueden **maltratar**las y ser perdonados, pero las mujeres no son libres de actuar libremente ni de **seguir los designios de** sus emociones. Este **encierro** en una casa, impuesto por Bernarda sobre sus hijas y su madre, y el encierro de Bernarda, impuesto por la sociedad, constituye un **caldo de cultivo** perfecto **para** un **desenlace** dramático.

▲ Las puertas de la casa de Bernarda Alba están cerradas con llave

The atmosphere of imprisonment is clear from the very beginning of the play, with servants cleaning the floors and moaning about Bernarda's dictatorial rule, but stating that they could not survive without her protection.

As soon as Bernarda utters the words 'En ocho años que dure el luto no ha de entrar en esta casa el viento de la calle. Haceros cuenta que hemos tapiado con ladrillos puertas y ventanas', we know that this imposition on five young women will have dramatic consequences. They are literally incarcerated, and each reacts in her own way.

Adela represents the fight of the human soul for love and freedom. From the moment Magdalena reports that her younger sister wore her green dress to go and feed the chickens, she feels pity for her young spirit full of hope that will not be fulfilled. This small act of defiance is indicative of the inner struggle for freedom. The climax of this fight comes when Bernarda tries to dominate a passionate Adela, who takes her walking stick and breaks it in two, saying '¡Aquí se acabaron las voces de presidio! Esto hago yo con la vara de la dominadora'.

María Josefa, Bernarda's insane elderly mother, a secondary character, emphasises the fight for freedom. Bernarda keeps her under lock and key, but she keeps shouting — much like an inner voice of conscience — to be let out. When she finally comes on stage, she states that she will not be silenced like the other women, that she will not be shut in: '… yo me quiero ir a mi pueblo. ¡Bernarda, yo quiero un varón para casarme y tener alegría!', to which Bernarda's reaction is repressive and soul-destroying: '¡Encerradla!' As a reminder of the inner fight for freedom, María Josefa makes a last entrance in the third act, right before the climax, with a lamb in her arms, singing a song and saying that she wants to marry her man by the sea. This poetic moment conveys the idea to the audience that stripping someone of their liberty can drive a person mad.

Key quotation

Adela: (Rompiendo a llorar con ira) ¡No, no me acostumbraré! Yo no quiero estar encerrada. No quiero que se me pongan las carnes como a vosotras.

[Acto primero]

Build critical skills

2 ¿Cómo nos afecta la presentación del final de la obra, el hecho de que Adela se suicide por el hombre que ama y que Bernarda trate de ocultar el suicidio?

1   Completa las siguientes oraciones con palabras del recuadro. ¡Cuidado!
    Sobran cuatro palabras.

celosa	crueldad	castigar
bastón	carnal	compasión
enviudado	coser y bordar	castigo
luto	casado	responso
temor	obsesión	

1   El rasgo principal y la falla de Bernarda es su *obsesión* por preservar el buen
    nombre.

2   Las acciones de Martirio, que persigue a Adela, se deben a que está
    celosa de que su hermana luche por su amor.

3   Las hijas de Bernarda deben cumplir con el rol tradicional de las mujeres
    de clase alta, que debían *coser y bordar* y estar en la casa.

4   A Bernarda le interesa el "qué dirán", es decir que siente *temor* por lo
    que pudiera opinar el pueblo de su familia.

5   Bernarda es odiada por sus sirvientas y por el pueblo debido a que su
    crueldad y desprecio son grandes.

6   Pepe el Romano parece representar el deseo *carnal* que está presente en
    todos los personajes.

7   Al haber *enviudado*, es central para Bernarda demostrar respeto por el
    difunto esposo.

8   Según la tradición, hay que observar el *luto* después de un
    fallecimiento, pero en esta obra, dura demasiado y esto provoca mucha
    tensión.

9   Para demostrar su autoridad, a Bernarda le basta con dar golpes con su
    bastón

10 Bernarda siente que tiene el derecho de *castigar* a sus hijas para que
    respeten su autoridad.

2   Contesta las siguientes preguntas referidas a los temas de *La casa de
    Bernarda Alba* utilizando tus propias palabras.

1   ¿A qué se debe que Bernarda y sus hijas estén vestidas de negro y no
    salgan a la calle?

2   ¿Por qué no quiere Bernarda que sus hijas se casen con cualquier hombre
    que conozcan?

3   ¿Qué provoca en Adela y Martirio el hecho de que Pepe el Romano vaya a
    casarse con Angustias?

4   ¿Qué diferencia hay entre la libertad de los hombres y de las mujeres en la
    obra?

5 ¿Dónde está María Josefa, la madre de Bernarda, al principio de la obra? ¿Y al final?

6 ¿Qué opina Bernarda de a quién deben mirar las mujeres en la iglesia? ¿Por qué?

7 ¿Qué tradición de cortejo observa Pepe el Romano? ¿Cómo demuestra que no es honesto al hacerlo?

8 ¿Qué hace Adela en el último acto con el bastón de su madre? ¿Qué demuestra con esa acción?

3 Une la primera parte de la frase con su terminación. ¡Cuidado! Sobran dos finales.

1 Cuando las mujeres del pueblo insultan a Bernarda, …

2 La obsesión de Bernarda por la limpieza…

3 Adela jura a la Poncia que…

4 Hay una señal de mal agüero cuando…

5 Martirio dice que Pepe el Romano ha muerto, …

a está basada en que una persona rica debe tener una casa presentable.

b se debe a que detesta la suciedad del pueblo.

c aunque Bernarda no acertó y él escapó en su jaca.

d sus insultos se mezclan con las letanías.

e pasaría por encima de ella para apagar su fuego interno.

f mataría a su hermana Martirio para tener a Pepe.

g Amelia le dice a Magdalena que ha derramado la sal.

4 Examina la importancia de la libertad para los personajes de la obra. En tu respuesta puedes considerar a:

◣ Bernarda
◣ Martirio
◣ Adela
◣ María Josefa

Temas

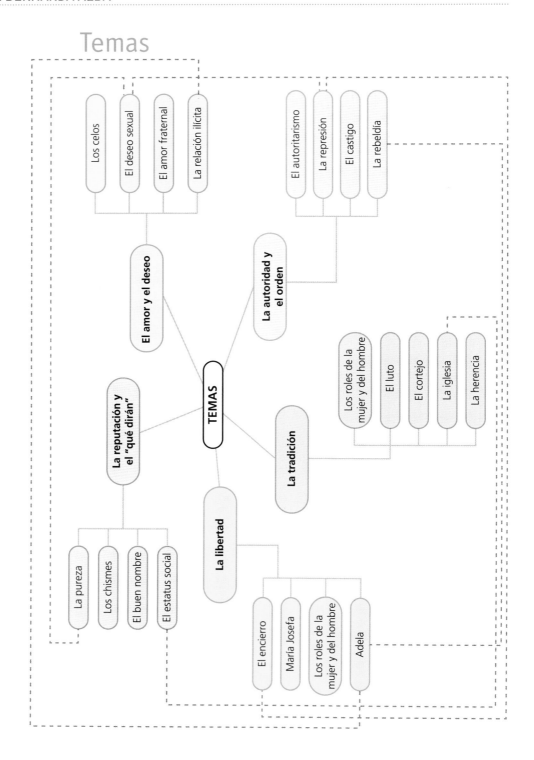

Vocabulario

adinerado/a wealthy

la angustia anguish

apoyarse to support oneself

atentar (contra) to threaten

a toda costa at all costs

el caldo de cultivo (para) breeding ground (for) (lit. *broth to grow*)

convertirse en to become

el desenlace denouement

empecinarse (en que) to be insistent

el encierro confinement

enviudar to be widowed

en voz baja in a low voice

la falta (de) lack (of)

fraternal brotherly/sisterly, fraternal

imponer to impose

infligir un castigo inflict a punishment

lorquiano/a written by Federico García Lorca

luchar por to fight for

los malos tratos maltreatment

maltratar to abuse

la obstinación stubbornness

la pareja partner

primitivo/a primeval

quejarse (de) to complain

las reglas rules

seguir los designios de to follow the path of (metaphorical)

sofocado/a suffocated

soltero/a single

la tristeza sadness

5 Characters

▲ Bernarda, sus cinco hijas y la Poncia (fotograma de la película de 1987)

First and foremost, characters in plays should be considered in performance, before an audience. While they have personalities that can be described in a play, their features are often presented just in outline. Actors interpret the dialogue, filling in the outline. Visual factors such as gesture and facial expression, as well as words, are important ways in which the audience comes to an understanding of character.

Lorca was dissatisfied with the contemporary theatre and sought a new type of drama in which the action had a poetic intensity. For example, he gives names to characters that symbolise their personalities:

- *Bernarda* is derived from a German word meaning 'strong like a bear'.
- *Alba,* meaning 'dawn' and referring to whiteness, can be associated with purity or chastity.
- *Adela* implies nobility in German. Adela is a character of great vitality who will not compromise her principles in the face of the tyranny of her mother.
- *Angustias* comes from 'angustia' meaning 'anguish'; this character is not happy with her lot.
- The name *Martirio* implies 'a person who suffers'. She is a twisted character, also full of spite and venom.
- *Prudencia*'s name suggests a woman who is wisely resigned to her lot in life.

These characters therefore suggest ideas that go beyond their existence as individuals. The actor's task is to 'create' the character, putting flesh on the bones, thus giving life and urgency on stage to the character while maintaining his or her symbolic value.

All of the characters in the cast are female, and they are confined to the house. Outside the house is a male character, Pepe el Romano, who has a profound effect on the action. For this reason a profile of him has been included below.

Bernarda

▲ Bernarda sentada en su "trono" (fotograma de la película de 1987)

El personaje de Bernarda Alba se revela al principio de la obra, en una conversación entre la Poncia y la Criada. Según la Poncia, Bernarda es una mujer fuerte que oprime a sus hijas con una **mano de hierro**; además, es fría y actúa **sin piedad**. No duda en **golpear**las si piensa que han atentado contra su autoridad. Un valor negativo reina en la casa: hay que evitar **el "qué dirán"**, guardando la decencia en todo momento. Emplea a la Poncia para observar todo lo que pasa dentro y fuera de la casa. Quiere proteger la **pureza** de sus hijas — su virginidad — a toda costa. Para ella, una hija que desobedece a su madre se convierte en enemiga. Solo le interesa el exterior de la gente: ignora lo que les pasa adentro y por eso no puede impedir la tragedia. El **bastón** que lleva simboliza su poder.

una mano de hierro an iron fist

sin piedad without mercy

golpear to strike, to hit

el "qué dirán" rumour, gossip (lit. *the 'what they will say'*)

la pureza cleanliness, purity

el bastón walking stick

Before Bernarda appears on stage she is characterised by her servant, La Poncia, as 'tirana de todos los que la rodean'. Moreover, she is obsessed with cleanliness. Bernarda's spotless household is linked by the servant with her reputation in the community: she has to be the most *decente*, to be morally superior to everyone else. Bernarda's arrival on stage bearing her rod of authority reinforces this characterisation: with her first word, '¡Silencio!', she establishes

Key quotation

Hasta que salga de esta casa con los pies por delante mandaré en lo mío y en lo vuestro.

[Acto primero]

TASK

1 Encuentra cinco adjetivos que muestren la personalidad de Bernarda.

her dominance over the assembled women; she then reprimands the servant for her lack of cleanliness and sends her out of the room because this is not the place for a person of her class. Her language is the negative one of an absolute ruler: she gives orders and censures behaviour; she will brook no disobedience. Bernarda pries into the lives of her neighbours, aided by La Poncia; the more she knows about them, the more power she has over them. She is desperate to avoid gossip about her daughters' behaviour, imprisoning them in the house and ensuring that she is aware of their every move.

Bernarda's great weakness is that she does not want to know what goes on inside her daughters' hearts; she believes absolutely in the infallibility of her 'system', certain that her vigilance and the discipline she imposes on her daughters will never fail her. She is blind to the tragedy that is unfolding in her house, ignoring La Poncia's warnings. She is capable of only one response to Adela's suicide: no one must breathe a word about Pepe; her daughter died a virgin.

Build critical skills

1 Describe la manera en la que Lorca prepara al espectador para la llegada de Bernarda en la primera escena de la obra y comenta su eficacia.

La Poncia

La Poncia es la aliada principal de Bernarda en su esfuerzo por mantener el control de las hijas y para informarle sobre lo que pasa en el pueblo y su casa. Es una mujer lista, de origen humilde, que utiliza un lenguaje vivaz y popular. Está al tanto de los pensamientos y las emociones de las hijas y percibe con agudeza la crisis que **se está desarrollando** en la casa. Aunque la Poncia obedece a Bernarda en todo, la **aborrece**. La Poncia es quien nos retrata a Bernarda al comienzo de la obra. Depende de Bernarda para su sustento; sus hijos trabajan en las

▲ La Poncia (fotograma de la película de 1987)

tierras de Bernarda, por lo que la Poncia **se siente en deuda** con ella. Es realista: en el tercer acto, después de **advertir** a Bernarda que "una cosa muy grande" va a acontecer si esta no intenta evitarla, se niega a hablar más, porque sabe que Bernarda no le **hace caso**.

desarrollarse to develop

aborrecer to hate

sentirse en deuda to feel indebted

advertir to warn

hacer caso (a alguien) to heed (someone), to listen to (someone)

La Poncia is Bernarda's servant and informer. Her spying is indispensable to Bernarda's authority over her environment. She acts as a bridge between Bernarda and her daughters: she reports to her mistress any behaviour on their part that might endanger Bernarda's reputation in the community. She is two-faced, acting the part of the faithful servant when she is in Bernarda's company, but declaring her hatred of her behind her back. Her stories of erotic goings-on in the village, and of her relationship with her husband, titillate the daughters. She realises that they are forced to live an unnatural life as 'mujeres sin hombre, nada más'. It is in La Poncia's interest to keep the status quo. She realises that she is the only person in the house who can stave off disaster for the family, and so she tries hard to prevent the tragedy by making the two antagonists, Bernarda and Adela, aware of the repercussions of their behaviour. She warns Bernarda 'ni tú ni nadie puede vigilar por el interior de los pechos', and Adela that she will 'dar voces' if Adela persists in trying to seduce Pepe. When each of them rejects her advice, La Poncia realises that she can do no more. Events unfold irreversibly, culminating in the 'cosa tan grande' that she has predicted.

Key quotation

Pero yo soy buena perra: ladro cuando me lo dice…
[Acto primero]

TASK

2 Encuentra dos ocasiones en las que la Poncia actúa como "buena perra" para informar a Bernarda de lo que pasa en la casa o en el pueblo.

Adela

Adela, la más joven de las hijas, es un espíritu libre. Esto se ve desde el principio de la obra, cuando ofrece a su madre un **abanico** de flores verdes y rojas en vez de uno negro, como debe, para respetar la muerte de su padre. Ella no **comparte** la actitud negativa de sus hermanas hacia su destino y dice que no se acostumbrará al **luto** ordenado por su madre. Quiere ser feliz y salir a la calle como una persona libre. La domina la pasión, y no la racionalidad: no calcula el efecto funesto de sus acciones. Se rebela contra la boda futura de Angustias con Pepe y, cuando

▲ Adela (fotograma de la película de 1987)

las otras mujeres **se oponen a** sus intenciones, insiste que hará con su cuerpo lo que **le dé la gana**. Al final, declara que no le importa la decencia; arriesgará la **vergüenza** pública declarando abiertamente su relación con Pepe. Parece inevitable que solo en la muerte pueda encontrar la libertad.

el abanico fan

compartir to share

el luto mourning

oponerse a to oppose
dar a (alguien) la gana to feel like
la vergüenza shame

From her first appearance, offering her colourful fan at the funeral, Adela stands out for her defiance of convention, especially the 'decencia' that governs social behaviour. She rejects her mother's edict to remain in the house and to mourn for 8 years: '¡No, no me acostumbraré! Yo no quiero estar encerrada', rejecting her warnings that her behaviour with Pepe is foolhardy. Adela stands apart from her sisters for her absolute refusal to compromise her values. As the play goes on, this attitude and her headstrong nature lead her inescapably towards a tragic end. Aware that the eyes of her sisters are constantly on her, she tries in vain to shake them off. She describes her passion for Pepe as being 'arrastrada por una maroma'; she is prepared to become his mistress no matter what society thinks. Before she dies she defiantly breaks her mother's rod of authority, a gesture that shows her will is stronger than Bernarda's.

TASK

3 ¿Cuáles de los adjetivos siguientes describen a Adela? Justifica tu elección refiriéndote a su comportamiento.

dócil	dulce	pesimista	testaruda
indomable	animada	prudente	temeraria

Angustias

heredar to inherit

la dote dowry

enfermizo/a sickly

Angustias tiene 39 años y es la hija mayor de Bernarda. Ha **heredado** la fortuna de su padre, el primer marido de Bernarda, y por eso tiene una **dote** grande para casarse. Es una persona seca de carácter y **enfermiza** y, según sus hermanas, flaca y poco atractiva. Está orgullosa de tener tanto dinero y dice que pronto va "a salir de este infierno". Es un personaje ingenuo, que no quiere creer que Pepe la engaña.

Angustias is such a sickly character that La Poncia suggests that she will die when bearing her first child. The other daughters are critical of her. Magdalena scornfully characterises her as the least worthy of all the daughters; at the age of 20 she already looked like 'un palo vestido'. She haughtily defends her right, given to her by her inheritance, to marry Pepe and to free herself from internment in the house. When the portrait of her fiancé goes missing, she shows that she is dependent on her mother to defend her from her jealous sisters. She is naïve in thinking that Pepe is exclusively interested in marrying her, and refuses to believe that he did not leave the street outside the house until 4 a.m. It only dawns on her gradually that something might be amiss.

Magdalena

Magdalena, la mayor de las hijas del segundo matrimonio de Bernarda, es la que más siente la muerte de su padre. Parece sentir **cariño** por Adela, por ser su hermana mayor; la llama "pobrecilla" porque Adela sigue teniendo ilusiones. Magdalena es una persona triste, que ha perdido su esperanza en una vida mejor y acepta su destino como mujer **soltera**. Se da cuenta de que su vida está dominada por "la decencia", diciendo "nos pudrimos por el qué dirán"; se llama **maldita**, "como todas las mujeres".

el cariño affection

soltero/a single

maldito/a cursed

Key quotation

Magdalena: Sé que yo no me voy a casar. Prefiero llevar sacos al molino.
[Acto primero]

Magdalena has lost any illusions she ever had concerning her destiny, accepting the tyrannical rule that Bernarda exercises over the household. Of all the daughters, she is the one who shows most sympathy for others: she weeps at the death of her father and appears to have some affection for Adela. Taking refuge in the past, she laments bygone days when there was more enjoyment of life and gossip did not hold sway. She has resigned herself to spinsterhood.

Amelia

Amelia es la menos **habladora** de las cinco hijas. Es tímida y le tiene miedo a su madre; comparte la actitud negativa de las hijas, con excepción de Adela, hacia su destino. No quiere hablar mal de los vecinos, pero se siente superior con respecto a ellos.

hablador(a) talkative

Key quotation

Amelia: Nacer mujer es el mayor castigo.
[Acto segundo]

Amelia echoes the pessimistic attitudes of Magdalena and Martirio. Like Magdalena, she sees herself as a victim of 'esta crítica que no nos deja vivir'. She believes that there is no worse fate then being born a woman.

Martirio

Martirio es una mujer **atormentada** y **malvada**. Está deformada físicamente (tiene joroba) y por eso cree que nunca va a casarse. No obstante, está secretamente enamorada de Pepe, por lo que quiere destruir la relación entre él y Adela. **Se enfrenta a** Adela y pelea con ella, confesándole, celosa, que ella también ama a Pepe. Al final, alcanza su **meta**, diciendo que "Se acabó Pepe el Romano" cuando Bernarda le **dispara** con su escopeta.

atormentado/a tormented

malvado/a wicked

enfrentarse a to confront

la meta objective

disparar to shoot

Key quotation

Martirio: Tengo el corazón lleno de una fuerza tan mala, que sin quererlo yo, a mí misma me ahoga.
[Acto tercero]

Martirio is an embittered character who, like Adela, has fallen in love with Pepe el Romano. Despite her physical deformity, she had a suitor, Enrique Humanes, but he was considered unsuitable by Bernarda because his father was a farm labourer. She shares the fatalism of her older sisters about the life they lead: 'Yo hago las cosas sin fe, como un reloj'. Despite this, her passion for Pepe is so overwhelming that she is willing to risk her mother's wrath by stealing his portrait from Angustias' room. Martirio's importance in the plot increases as the tension rises. She confronts Adela head-on to stop her becoming Pepe's lover, even though she knows that her own passion for him cannot be reciprocated. Martirio recognises her evil intention but cannot control her jealousy. Her lie brings about Adela's tragic end.

Build critical skills

2 Compara los personajes de Martirio y Adela y explica por qué las dos hermanas pelean al final de la obra.

GRADE BOOSTER

Exam questions often ask for a comparison between two main characters. To analyse each character it is useful to draw a Venn diagram to show where the two characters coincide and where they differ. Remember also to use pertinent quotations that illustrate the differences and to use a variety of adjectives that describe personality, such as *testarudo/a*, *alegre*, *pesimista*, *risueño/a*, *arrogante*, *cariñoso/a*, *malvado/a*.

María Josefa

encerrado/a locked up

trastornado/a unhinged

predecir to predict

la locura madness

María Josefa, la madre de Bernarda, está loca y por eso la mantienen **encerrada** dentro de la casa. A pesar de que está **trastornada**, dice verdades sobre su hija Bernarda y sus nietas. Por ejemplo, **predice** que las mujeres van a ser "devoradas" por Pepe el Romano. Ella quiere ser libre para salir, y en su **locura** sueña con tener un niño.

TASK

4 Encuentra tres maneras en las que María Josefa comenta sobre la situación de Bernarda y sus hijas.

María Josefa is doubly locked up, in an inner room inside the house, which is itself a kind of prison. In her madness, she expresses a yearning for freedom and a life without restrictions, as well as the desire to get married. Her yearning for a child reflects the natural maternal emotions that are denied to Bernarda's daughters. She predicts, fatefully, that none of the daughters will marry. She also reinforces the negative images we have of three characters, Bernarda 'cara de leoparda', Magdalena 'cara de hiena' and Martirio 'cara de martirio'.

Criada

adinerado/a wealthy

apenar to sadden

la venda blindfold

La Criada actúa como una fuente de información y también tiene su punto de vista sobre lo que pasa en la casa. Lamenta el destino de los pobres como ella y envidia a la familia por ser **adinerada**. También le **apena** la muerte del esposo de Bernarda, quien había sido su amante secreto. Comenta con agudeza que Bernarda no entiende lo que pasa entre sus hijas: "se pone una **venda** en los ojos".

The Criada acts as a foil to La Poncia in the first scene of the play, but when La Poncia leaves she gives us an insight into the wanton behaviour of Bernarda's dead second husband. When she and La Poncia converse again near the end of the play she shows her awareness of the pride that blinds Bernarda and of the power that men have over women on their own.

Prudencia

La vecina Prudencia es del mismo **estatus social** que Bernarda. Sin embargo, se nota una diferencia entre Bernarda y ella, sugerida por el simbolismo de su nombre. Es una mujer menos agresiva que Bernarda, que sufre por los problemas de familia y los acepta con resignación.

el estatus social
social status, rank

The dialogue between Prudencia and Bernarda serves to underline Bernarda's intransigent attitudes to social behaviour, especially in questions involving the honour of the family: she praises the unwillingness of Prudencia's husband to forgive the transgression of their daughter. Prudencia suffers because of inflexible attitudes, unlike the intolerant Bernarda, for whom a disobedient daughter becomes an enemy.

Pepe el Romano

Pepe el Romano tiene un impacto profundo en la **trama**. Según María Josefa, es un "gigante" que va a **devorar** a las mujeres de la casa. Solo sabemos sobre él a través de los comentarios de las mujeres, y no es una buena persona. Está **cortejando** a dos de las hijas a la vez, Angustias por su dinero, Adela porque es más joven y guapa. Pepe atrae a estas vírgenes sexualmente **reprimidas** de la casa; incita a Adela a rebelarse y a **quebrantar** la autoridad de Bernarda, y por eso provoca la muerte de la joven.

la trama plot
devorar to devour

cortejar to court, to woo
reprimido/a repressed
quebrantar break (a rule)

Although Pepe el Romano does not appear on stage, he is omnipresent in the minds of the daughters. His influence on the action of the play, which ends with the destruction of the edifice so carefully constructed by Bernarda to protect her daughters' virginity, is fundamental. Pepe is the most eligible male available locally and is socially acceptable to Bernarda as a husband for Angustias. His behaviour, with his visits to two daughters of the same family at different times during the night, suggests that he is untrustworthy: he lies to Angustias, saying that he is not going to be at the *reja* that night; he does not appear to know, or care, that in seducing Adela he is playing with fire; presumably he hopes that she will want to become his mistress, regardless of the consequences for the family.

> **TASK**
> **5** Identifica tres ocasiones en la obra en las que se mencione a Pepe el Romano y describe la reacción que esto provoca en la casa.

1 ¿Quién es? Empareja las frases 1–8 con el personaje adecuado a–h.

1 Vuelve las espaldas para no ver la realidad.
2 Intenta parar las actividades nocturnas de su hermana.
3 Cree la mentira de su hermana, con consecuencias funestas.
4 Aunque aborrece a su patrona, la obedece en todo.
5 Le resulta indiferente la reputación de la familia.
6 Le duele la muerte de su padre.
7 Tienen que sujetarla porque está loca.
8 Su herencia le da la posibilidad de irse de la casa.

a Angustias
b Pepe el Romano
c Martirio
d Adela
e Magdalena
f Bernarda
g la Poncia
h María Josefa

2 Lee las descripciones de los personajes y decide si las siguientes oraciones son verdaderas o falsas. Si son falsas, explica por qué.

1 Bernarda ejerce una vigilancia total sobre la vida de sus hijas; aun percibe sus pensamientos más íntimos.
2 Cuando la Poncia se da cuenta de que Bernarda se niega a escucharla sobre lo que pasa entre Adela y Pepe, decide que no vale la pena intervenir más.
3 A Adela le da asco que la Poncia cuente historias vulgares a sus hermanas.
4 Martirio roba el retrato de Pepe el Romano porque quiere que Bernarda sepa que ella, en vez de Angustias, debe casarse con él.
5 Cuando la Poncia le dice que Pepe se marchó a eso de las cuatro de la mañana, Angustias se niega a creerlo.
6 María Josefa está loca y solo sirve para dar un toque más humorístico a la obra.
7 No se sabe nada del personaje de Pepe el Romano.
8 Prudencia representa la misma clase social que Bernarda, pero no comparte su punto de vista.

Personajes

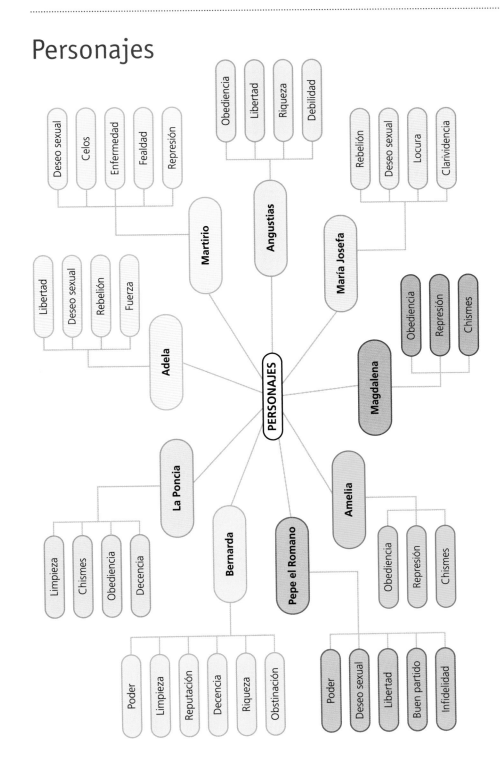

Vocabulario

el abanico fan

aborrecer to hate

adinerado/a wealthy

apenar to sadden

atormentado/a tormented

el bastón walking stick

el estatus status, rank

compartir to share

cortejar to court, to woo

dar a (alguien) la gana to feel like

disparar to shoot

el "qué dirán" rumours, gossip (lit. *the 'what they will say'*)

encerrado/a locked up

(estar) en deuda (con) (to be) indebted (to)

enfermizo/a sickly

enfrentarse a to confront

la envidia envy

hacer caso (a alguien) to heed (someone), to listen (to someone)

heredar to inherit

golpear to strike

lascivo/a lustful

el luto mourning

la locura madness

malvado/a wicked

la mano de hierro iron fist

la meta objective

oponerse a to oppose

predecir to predict

la pureza purity

reprimido/a repressed

sin piedad without mercy

trastornado/a unhinged

la venda blindfold

la vergüenza shame

las vidas ajenas other people's lives

vigilar to watch (closely)

6 Writer's methods

Lorca's methods were determined by the type of play he was writing, in this case a tragedy, resembling in several respects the plays of ancient Greece, and by his views on the part played by poetry in theatre. For him, plays should use the typical devices of poetry to stir the emotions of the audience. The methods he adopted enabled him to blend poetry with reality, creating an original type of drama that cast light on the society of Andalusia in that era.

GRADE BOOSTER

```
To write successfully about a play you have to be able
to recognise features that work on stage, particularly
visual effects. Always bear this in mind when the essay
title asks you to evaluate how effective a play is. If
you are able to see a production of the play during the
course, all the better!
```

La forma de *La casa de Bernarda Alba* y la tragedia griega

Lorca was fascinated by the plays of ancient Greece, which he saw as a dramatic form that he could put to good use. The Greek plays were enduring tragedies that conformed to a number of ideas and methods. A key idea is the arrogance or self-importance of the central figure (*hubris*) which is responsible for his/her downfall (*nemesis*). Characters were victims of their human frailty and impotent in the face of their destiny. The skill of the dramatist in presenting the action, caused the **audience,** who were gripped by these tragedies, to relive the protagonists' every step as they edged towards their destiny.

In *La casa de Bernarda Alba* Lorca creates a play in which the arrogance and self-belief of Bernarda is the main **driver** of the

▲ Melpomene, Greek Muse of Tragedy

audience el público

driver el/la impulsor(a)

sequence of events
la secuencia de los sucesos

unity la unidad

focus el enfoque

tension la tensión

clash el conflicto

fatal flaw el defecto fatídico

protagonist el/la protagonista

offstage fuera del escenario

chorus el coro

dialogue el diálogo

tragedy. The audience watches the drama unfold, moved by the **sequence of events** which lead inexorably to Adela's tragic death. When constructing the play, Lorca consciously built it around the three **unities** of time, place and action, which were key features of Greek tragedies.

The advantage of the restrictions imposed by the three unities is that they give a sharp **focus** to the dramatic action. The time of the action is as close as possible to the actual time that elapsed, thus making the events that take place plausible. The focus on a single location, Bernarda's house, enables Lorca to use effectively the interplay between events inside the house and those taking place outside, emphasising the feeling of confinement. According to the unity of action, everything that occurs on stage should be relevant to the themes. It should not be possible to take out any scene without damaging the play as an organic whole. In *La casa de Bernarda Alba* Lorca sought this degree of coherence so that the play could move fatefully towards its goal.

Within this framework, all events in the play contribute to the conflict between the authoritarian Bernarda and her daughters as the **tension** mounts. Gradually the play builds up to the final **clash** between Bernarda and the free-spirited Adela, whose resistance to her mother's will and to the values that she represents is total, culminating in the death of the youngest daughter. In *La casa de Bernarda Alba*, Bernarda's belief in her own version of the truth, her blindness to the reality of her daughters' inner desires — **fatal flaws** typical of a **protagonist** in ancient Greek drama — brings about the tragic outcome.

Adela's death **offstage** points to another convention of Greek drama that Lorca adheres to. For the dramatist, the important point is that the audience follows the carefully arranged process that leads to the death of the character, rather than that they see the death itself.

Finally, a feature of ancient Greek drama that Lorca adopts is the role of a **chorus** which comments on the dramatic action. The chorus often provides the background and reveals something that the main characters do not realise or are unwilling to say. The **dialogue** of the servants, La Poncia and the Criada, give us important information about the characters that inhabit the house and about Bernarda's tyranny. María Josefa also has a choral role, forecasting that Pepe will destroy the household and uttering truths about the desire of the daughters to get married, have children, to be freed from Bernarda's yoke.

The play is carefully constructed around a sequence of events in a single day in Bernarda's house. There is a continual interplay between life in the house, dominated by the sexual repression of the 'imprisoned' daughters, and life outside its walls where, in contrast, women can be free to go with men, and men to indulge their sexual appetites. Pepe el Romano, lurking outside the house, where Bernarda's vigilance is limited, is in the thoughts of the daughters throughout. The events of the play are subject to a clear cause and effect mechanism. Act 1 establishes the essentials of character and the plot; in Act 2 the plot thickens; in Act 3 the plot unravels.

Build critical skills

1 Observa el papel de la Poncia y la Criada en la obra. ¿Cómo contribuyen a la trama? ¿Son esenciales? ¿Por qué (no)?

Poesía y teatro

Lorca made statements about theatre that have implications for his methods. He insisted that *La casa de Bernarda Alba* had '¡Ni una gota de poesía! … ¡Realidad! ¡Realismo puro!' This idea appears to be confirmed by the note that precedes the first act of *La casa de Bernarda Alba*: '*El poeta advierte que estos tres actos tienen la intención de un documental fotográfico*'. If this statement is taken literally, the technique will be akin to that of a photographer, representing faithfully the reality of the location. However, Lorca calls himself 'el poeta', not 'el dramaturgo', which suggests that the language used is that of the poet, with his transforming vision of reality, rather than that of a photographer.

Lorca was a consummate poet who rejected the complacent, bourgeois theatre of contemporary dramatists in order to create a theatre that focused on the lives of ordinary people, using vibrant language that was steeped in the culture of his native Andalusia. For him, in the theatre 'la poesía se levanta del libro y se hace humana'. He proposed a theatre that engaged audiences, making them think about human issues using, typically, song and poetry as part of his dramatic art. These elements are more limited and under greater control in *La casa de Bernarda Alba*, his last literary work, than in his earlier plays, but they are nonetheless effectively used.

TASKS

1 Considera el impacto teatral de Bernarda cuando aparece en escena por primera vez. En tu opinión, ¿es fuerte esta primera impresión? Explica por qué (no).

2 En la primera escena del tercer acto, ¿es Prudencia un personaje superfluo o tiene una función significativa en la trama? Justifica tu respuesta.

Lengua

La forma de hablar andaluza

The language of the characters, although to some degree 'literary', has features of the **popular speech** of Andalusia throughout. For example:

- A clear use of *laísmo*, the employment of the feminine direct object in place of the indirect object, which is not acceptable in educated speech. When La Poncia says in the first scene 'La quedan cinco mujeres, cinco hijas feas…', her *laísmo* betrays her humble origins.
- The local use of the infinitive for commands. For example, Bernarda, at the end of Act 1, orders the women to help the servant with María Josefa: '¡Ayudarla vosotras!'
- The placing of the definite article before a name, as in 'la Poncia', which might be translated as 'our Poncia', is colloquial and characteristic of uneducated Spanish.

popular speech el habla popular

Simbolismo

Visual features in a play are especially effective when they have a symbolic resonance. Bernarda's *bastón* is both a literal stick for her support and for striking her disobedient daughters, and a symbol of her authority. Adela's final act before her death is to break the stick, which suggests that the youngest daughter's rebellious spirit has triumphed over the cold, sterile authority of her mother.

TASK

3 Busca tres símbolos que tengan un impacto visual fuerte en el tercer acto, y escribe notas que expliquen su significado.

to symbolise
simbolizar

to heighten the tension aumentar la tensión

to foreshadow presagiar

auditory image la imagen auditiva

omen el augurio

song (genre) el canto

Imágenes visuales, auditivas y sensoriales

Lorca skilfully calls attention to his themes by using key words and images. The play comes full circle with Bernarda's first word, '¡Silencio!', which is repeated by her at the end of the play. In the first case, Bernarda is simply exerting her authority in telling the Criada to be silent; in the second, the command takes on a greater resonance, since silence is needed to protect reputation.

The house itself **symbolises** oppression: it is compared by daughters and servants to a prison or a convent and this image is reinforced visually (Lorca gives precise directions for the décor). La Poncia says sarcastically '¡Ya me ha tocado en suerte este convento!' underlining the repressive nature of Bernarda's regime, with its requirement of absolute obedience to the matriarch.

The use of colour also emphasises the themes visually. After the funeral of her father, Adela's fan with red and green flowers stands out against the black of the mourning women and the white walls of the house. Red denotes passion and green suggests the energy of youth, both being attributes of Adela that Bernarda fears and wishes to suppress. Bernarda's rebuking of her youngest daughter is the first incident to show Adela standing against the tide, in conflict with her mother's traditional values. Adela later dons her green dress to feed the chickens in the yard, showing that, unlike the other daughters, she is not willing to obey her mother.

At the beginning of Act 3, when the family is dining with Prudencia, a rush of images has the effect of **heightening the tension** in the suffocating heat of the evening and **foreshadowing** the ending.

- The *caballo garañón* is noisily kicking against the wall of his pen (**auditory image**). Bernarda asks for it to be let out to roll in the hay. This image of male sexuality — the stallion is 'bregando como un hombre' — underlines the sexual freedom granted to men in this society and the 'imprisoning' of the women who desire them, like the fillies who await the stallion and who are not allowed to be with him.

- There follow two visual **omens** of bad luck, which hint to the audience as to the outcome of the play: the spilling of salt by Magdalena, and the three pearls on Angustias' ring. Prudencia observes that 'En mi tiempo las perlas significaban lágrimas', but this is dismissed by Angustias and Bernarda, who refuse to accept this belief.

- Adela's desire to slake her thirst in this first scene in the heat of the evening is clearly associated with sexual desire (a sensory image). This becomes even more explicit when repeated later in the night: Adela tells La Poncia 'Me despertó la sed', signalling that she intends to satisfy her desire by meeting Pepe.

Música y canciones

On two occasions Lorca uses **song** to underscore his themes. The song of the reapers expresses the power of male sexuality as 'se llevan los corazones/de las muchachas que miran' and the reapers urge them to open their doors and windows, so kindling the desire for freedom among the daughters. In María Josefa's final appearance, the old woman's song also points to the yearning to be released from the house and its mourning so that she can have more children, as she nurses her *ovejita*.

Escenografía

Lorca's precise descriptions of how the stage is to be set, at the beginning of each act, are revealing. At the beginning of Act 1, he insists that the walls of the room should be extremely white ('*Habitación blanquísima*'). The associations of whiteness with purity, virginity and spotlessness, but also sterility, become significant as the play develops. At the beginning of Act 2 the room is simply 'blanca' and Act 3 begins in a room with 'cuatro paredes blancas ligeramente azuladas'. The gradual darkening of the walls described in the stage directions reflect the passage from daytime light to evening light, but also they hint at the tarnishing of Bernarda's spotless reputation and possibly of the 'purity' of her daughters, as well as the 'black' ending of the play.

El pueblo como fondo

By concentrating the action within the house, Lorca gives the 'outside world' of the *pueblo* a special role. A method he adopts to heighten the tension inside the house is to introduce, periodically, cautionary tales of sexual misbehaviour on the part of villagers, such as Paca la Roseta and La Librada's daughter. The effect of these tales is to underline particular moments in the action, such as Adela's reaction to La Librada's daughter's fate.

Build critical skills

2 ¿Qué impacto tienen en la trama de *La casa de Bernarda Alba* las historias de Adelaida, Paca la Roseta y la hija de la Librada? En tu opinión, ¿son advertencias eficaces?

1 Conecta los siguientes términos referidos a la técnica con sus definiciones.

1 representar   a argumento de una obra literaria
2 puesta en escena   b nota que aclara cómo actuar y mostrar el escenario
3 trama   c poner en escena una obra dramática
4 estrenar   d cortina del escenario de un teatro
5 reparto   e actor(es) que comenta(n) la acción
6 telón   (normalmente un conjunto)
7 escena   f representar un espectáculo por primera vez
8 coro   g representación de una obra dramática
9 desenlace   h cada una de las partes de un acto
10 acotación   i lista de los personajes de una obra dramática
                            j conclusión de una obra literaria

2 Decide si las siguientes declaraciones son verdaderas o falsas. Si son falsas, corrígelas.

1 Las escenas en las que la familia está fuera de la casa tienen el objetivo de pintar un retrato del pueblo.
2 A Lorca le encantaba el teatro, incluso las comedias ligeras de la época.
3 Lorca utiliza las acotaciones para dar énfasis a sus temas.
4 Las escenas en las que aparece la madre loca de Bernarda son distracciones que no tienen que ver con la trama.
5 En el tercer acto, Lorca introduce varias imágenes que predicen el desenlace.
6 Pepe el Romano es el único personaje del reparto que no habla cuando está en escena.
7 Angustias siente celos de Adela y por eso intenta impedir que ella vea a Pepe al final de la obra.
8 En su teatro, Lorca quería alcanzar una fusión entre realidad y poesía.

3 Rellena los espacios en blanco con palabras del recuadro.

personajes	obra	acercar
dramaturgos	canciones	escena
organizó	mitad	

Federico García Lorca fue un gran renovador del teatro español en la primera **1** mitad *. del siglo XX. No solo escribió obras de teatro, sino que también* **2** organizó *representaciones de sus obras y las de otros* **3** dramaturgos *. Desde 1932, llevó su compañía teatral La Barraca a todos los rincones de España para* **4** acercar *el teatro directamente al pueblo. Le gustaba escribir comedias de títeres, y utilizaba mitos, poesía y algunas* **5** canciones *populares en sus obras. Solía mezclar poesía y realismo. Decía que "El teatro necesita que los*

People (of Spain)

6 *personajes* ....que aparezcan en la **7** *escena*. lleven un traje de poesía y al mismo tiempo que se les vea los huesos, la sangre." La casa de Bernarda Alba, *escrita poco antes de su asesinato, es para muchos su* **8** .*Obra*..... maestra.

> **GRADE** *BOOSTER*
>
> When you have finished writing your exam essay it is essential that you check that you have argued your case *coherently*. Make sure that your argument proceeds logically from your introduction through the middle of the essay to the conclusion, and look out especially for inconsistencies and repeated ideas.

Técnicas del escritor

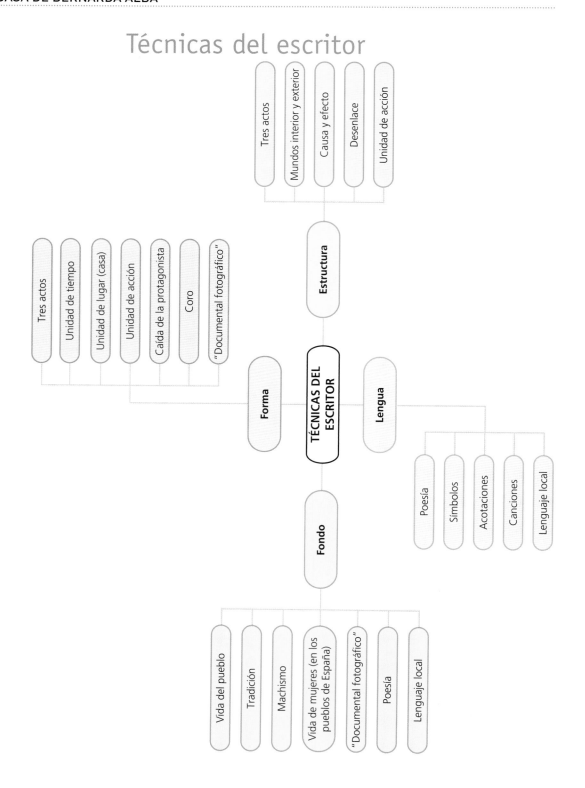

Estructura
- Tres actos
- Mundos interior y exterior
- Causa y efecto
- Desenlace
- Unidad de acción

Forma
- Tres actos
- Unidad de tiempo
- Unidad de lugar (casa)
- Unidad de acción
- Caída de la protagonista
- Coro
- "Documental fotográfico"

TÉCNICAS DEL ESCRITOR

Lengua
- Poesía
- Símbolos
- Acotaciones
- Canciones
- Lenguaje local

Fondo
- Vida del pueblo
- Tradición
- Machismo
- Vida de mujeres (en los pueblos de España)
- "Documental fotográfico"
- Poesía
- Lenguaje local

Vocabulario

la acotación stage direction

el actor/la actriz actor/actress

actuar to act

el ambiente atmosphere

el argumento plot

la comedia comedy

el coro chorus

el decorado scenery, set

el desarrollo development

el desenlace denouement, outcome

el/la dramaturgo/a dramatist, playwright

la escena scene, stage

el escenario stage, set

la escenificación staging, dramatisation

estrenar(se) to perform for the first time, to première

el estreno first performance

la historia secundaria / el argumento secundario sub-plot

la imagen eficaz effective image

la interpretación performance, interpretation

interpretar to perform

la metáfora metaphor

la obra dramática/teatral play

el papel role, part (in a play)

el personaje character

presagiar to foreshadow

el reparto cast

representar (un papel) to act (a part)

la secuencia de los sucesos sequence of events

el símbolo symbol

teatral theatrical

el telón (theatre) curtain

el tema theme

la tragedia tragedy

la trama plot

el vestuario wardrobe

Cómo planear tu ensayo

Planning is an important part of your examination time. As a rough guide you should spend about 10 minutes planning your essay, 50 minutes writing it and 5 minutes checking it.

A well-planned essay makes points clearly and logically so that the examiner can follow your argument. It is important to take time to devise a plan before you start writing. This avoids a rambling account or retelling the story of the work you are writing about. The following points may help you to plan your essay well:

- Read the essay question carefully. Make sure you have understood what you are being asked to do rather than focusing on the general topic.
- From the outset it is sensible to plan your essay in the target language. This will prevent you writing ideas that you are not able to express in the target language.
- Focus on the key words. For example, you may be asked to analyse, evaluate, explore, explain. Look for important key words such as *de qué manera*, *por qué*, *cómo*.
- Select the main point you want to make in your essay and then break this down into sub-sections. Choose relevant information only. Avoid writing an all-inclusive account which occasionally touches on the essay title.
- Decide on the order of the main ideas that become separate paragraphs. Note down linking words or phrases you can use between paragraphs to make your essay flow as a coherent and logical argument.
- Select one or two relevant and concise quotations that you can use to illustrate some of the points you make.
- Think about the word count for the essay. The examination boards stipulate the following word counts:

	AS	A-level
AQA	Approximately 250 words	Approximately 300 words
Edexcel	275–300 words	300–350 words
WJEC	Approximately 300 words	Approximately 400 words
Eduqas	Approximately 250 words	Approximately 300 words

- Consider how many words to allocate to each section of your essay. Make sure that you give more words to main points rather than wasting valuable words on minor details.
- Finally, consider how to introduce and conclude your essay, ensuring that you have answered the question set.

A well-planned essay will have an overall broad structure as follows:

- **Introduction**: you should identify the topic without rewriting the essay title. You should state your position on the issue.
- **Body of the essay**: in several paragraphs you should give evidence to support a number of main points.
- **Conclusion**: here you should summarise your ideas and make a final evaluative judgement without introducing new ideas.

Cómo escribir tu ensayo

Estrategia

Now you have to put flesh on the bones of the plan that you have drafted by writing a structured response to the essay question.

- Remember that you are writing for a person who is reading your essay: the content should interest your reader and you should communicate your meaning with clarity and coherence.
- It is important to be rigorous in sticking to your plan and not to get side-tracked into developing an argument or making a point that is not relevant to the specific essay question. Relevance is always a key criterion in the examination mark schemes for essays, so make sure that you keep your focus throughout on the exact terms of the question. Do not be tempted to write all that you know about the work; a 'scattergun' approach is unproductive and gives the impression that you do not understand the title and are hoping that some of your answer 'sticks'.
- It is important to think on your feet when writing an examination essay. If you produce a pre-learned essay in an examination, in the hope that this will fit the title, you will earn little credit, since such essays tend not to match what is required by the title, and give the impression that you do not understand the question.
- If you are completing an AS examination, the question might require you, for example, to examine a character or explain the theme of the work. You will also have a list of bullet points to help you focus on the question. Ensure that you engage with these guidance points, but be aware that they do not in themselves give you a structure for the essay. At A-level you will normally have a statement requiring you to analyse or evaluate an aspect of the work.
- Since examination essays always have a suggested word limit, it is important to answer as concisely as you can. It should always be possible to write a meaningful essay within the allocated number of words.

Estructura

1 Introducción

The introduction gives you the opportunity to show your understanding of the work. It should be a single paragraph which responds concisely to the essay question. In a few sentences you should explain to your reader what you understand the question to mean, identify issues it raises and say how you are going to tackle them. Avoid statements in the target language that equate to 'I am now going to demonstrate …' or 'This essay is about …'.

2 Desarrollo

- This part will be divided into a number of interconnected paragraphs, each of which picks up and develops the points raised in your introduction.
- Each paragraph should be introduced with a sentence stating what the paragraph is about.
- Make sure you follow a clear pathway through your paragraphs, leading to your conclusion. This requires skills of organisation, in order to ensure the smooth development of your argument. You should move from one facet of your argument to the next, linking them conceptually by, for example, contrast or comparison.
- Each paragraph will have an internal logic, whereby you examine a separate point, making your argument and supporting it with examples and quotations. For example, your essay title might lead you to examine the pros and cons of a statement, with the argument finely balanced. In this case you can dedicate one paragraph to discussing the pros in detail, another to the cons and a third to giving your decision on which view is the more persuasive and why.

3 Conclusión

Read through what you have written again and then write your conclusion. This should summarise your argument succinctly, referring back to the points you raised in your introduction. If you have planned your essay well, there should be no need to do anything other than show that you have achieved what you set out to do. Do not introduce new ideas or information.

Lenguaje

- Linkage of the paragraphs is both conceptual, i.e. through the development of connected ideas in the body of the essay, and linguistic, i.e. through expressions which link paragraphs, sentences and clauses. These expressions are called connectives and they work in various ways, for example, through:
  - contrast (*sin embargo, por otro lado, por el contrario*)
  - explanation (*es decir, en otras palabras, hay que destacar*)
  - cause/result (*como consecuencia, por lo tanto, debido a esto, por esta razón*)
  - additional information (*además, también, asimismo*)
  - ordering points (*primero, luego, a continuación*)

- When writing your essay, a degree of formality is necessary in your style. Be attentive to the register you use, especially the differences between written and spoken language. Avoid colloquial language and abbreviations.
- It is important to learn key quotations from the work and to introduce them in order to support aspects of your argument. When quoting, however, be careful not to make the quotation a substitute for your argument. Quotations should illustrate your point aptly and not be too long. Resist the temptation to include quotations that you have learned if they are not relevant to the essay question.
- In a foreign language examination, accurate language is always an assessment factor. Review your finished essay carefully for errors of grammar, punctuation and spelling. Check especially verb endings, tenses and moods, and adjectival agreements. You should employ a good range of vocabulary and include terminology related to film or literature (e.g. *argumento* or *trama*, *personaje*, *escena*, *tema*).

For a list of film- and literature-related vocabulary, see page 65. For a list of useful connectives, see pages 74–76.

Below are four conclusions to an AS essay, based on the following question.
Choose the best one and give reasons for your choice.

Examina cómo Bernarda ejerce su autoridad en la casa y la reacción de las
otras mujeres que viven allí. En tu respuesta puedes considerar a:

- Angustias
- Martirio
- Adela
- la Poncia

Conclusión 1

sinónimo — imponer. Better than using same word as q

En resumen, hemos visto que Bernarda ejerce su autoridad y
que cada una de las mujeres que sufren reaccionan de forma
diferente: Angustias tolera la tiranía de su madre, Martirio
participa de la crueldad, Adela se rebela contra su madre y la
Poncia trata de calmarla.

Conclusión 2

A mí me parece que lo único que vemos es que triunfa Bernarda,
y eso es terrible. Cuando muere su hija menor al final, no le
importa más que conservar las apariencias y grita "¡Silencio!".
Es una mujer fría, sin sentimientos, y eso es realmente malo.

Conclusión 3

to bow down

Pues, Angustias y Martirio deciden doblegarse ante la autoridad
de Bernarda, pero Adela no, y termina por cometer un suicidio.
Es por eso que las palabras de la Poncia, "aquí sucede algo muy
grande" eran una verdadera profecía trágica que se cumple.

most convincing

Conclusión 4

Como hemos visto, Bernarda ejerce una autoridad despótica
sobre sus hijas, con autoritarismo e incluso castigo corporal;
la única que le hace frente es Adela, y logra rebelarse, pero su
pasión la lleva a la muerte. La autoridad parece ser la vencedora
en la tragedia, porque incluso luego del suicidio de Adela,
Bernarda impone el silencio y un "mar de luto".

The following is a short account of Lorca's approach to writing *La casa de Bernarda Alba*. Decide on the correct order of paragraphs A–E, taking into account the ideas and how they are connected.

A Nos queda muy claro que Lorca utilizaba estos recursos para intensificar la acción. En esta obra emplea símbolos visuales para intensificar la emoción. Por ejemplo, el bastón de la protagonista demuestra su poder, los colores negro y blanco resaltan las ideas de la muerte y la pureza respectivamente, etc.

B Podemos deducir que la blancura está relacionada con la limpieza, una obsesión de Bernarda Alba. Este tema figura desde el primer acto, en el diálogo de las dos criadas. La limpieza, que en un principio está asociada con limpiar los muebles, etc., se convierte en un símbolo de la reputación de la familia.

C A Lorca no le interesaba crear obras dramáticas como las comedias burguesas de sus contemporáneos; tenía ideas muy concretas de cómo crear un teatro poético y vital. En 1931, se creó una compañía llamada La Barraca, ideada por el mismo Federico García Lorca, para representar al pueblo español el teatro clásico español y también las obras que escribió Lorca.

D Aquel antecedente literario incluía elementos que daban más intensidad a la acción dramática. Por ejemplo, en esas obras, según Aristóteles, la acción solía transcurrir en 24 horas y tenía lugar en un solo sitio. Además, los dramaturgos griegos solían emplear un coro para comentar la acción. Estos elementos se encuentran en "La casa de Bernarda Alba", combinados con un uso magistral de recursos poéticos.

E Sin embargo, las canciones y poemas populares no figuran tanto en "La casa de Bernarda Alba" (1936) porque en esa obra a Lorca le importaba emplear menos "poesía" y más "realidad" que en sus obras de teatro anteriores. Hasta cierto punto, buscaba un modelo trágico similar a las obras de la antigüedad griega.

F Desde aquel año, Lorca comenzó a viajar por España con el grupo. Durante esa época, escribió sus tragedias rurales, "Bodas de sangre" (1933) y "Yerma" (1934). En estas obras incluía elementos poéticos y musicales con la intención de reflejar la realidad de los pueblos españoles, su alegría y su tristeza, con un enfoque especial en su patria chica, Andalucía.

Actividad 3: Conjunciones y conectores

Remember that it is important to connect the ideas in your essay with conjunctions and connectives (although you must not abuse them). Choose the conjunctions and connectives that you consider the most suitable ones for the following paragraph about the themes in *La casa de Bernarda Alba.*

1 Por un lado/No cabe duda de que/Aunque *uno de los temas principales de la obra de teatro lorquiana La casa de Bernarda Alba es la obsesión con la pureza* **2** y/o/pues *el "qué dirán".*
3 Ya que/Aunque/Así *la situación sea una en la que domina la tristeza, Bernarda solo se preocupa por dominar las acciones de sus hijas.* **4** Esto se debe a que/Por eso,/En consecuencia, *si alguna de ellas demostrara que no respeta el luto, todo el pueblo hablaría.*
5 Asimismo,/Es así/Por consiguiente, *que observan todas las tradiciones, otro tema importante de la obra.* **6** Pues/Para concluir, /Sin embargo, *lo que Bernarda no nota es que debajo de todo el orden externo, hay pasiones, celos y deseos sexuales entre sus hijas. El público puede oír las advertencias de la Poncia,*
7 pero/a pesar de/lo que *observa con asombro cómo Bernarda se empecina con su autoridad,* **8** así/lo que/quien *lleva la acción irremediablemente a un final trágico. Lorca escribió así una obra* **9** cuyo/la que/lo que *mensaje es potente,* **10** entonces/ya que/ finalmente *su temática es universal.*

Remember that using quotations is a useful way to justify your ideas. Link the following quotations with the ideas that they would support in an essay. You can link each quotation with one idea only.

A "De todo tiene la culpa esta crítica que no nos deja vivir." [Amelia, Acto primero]	**1** Tengo la suerte de que ninguna de mis hijas me haya desobedecido nunca.
B "A ellos les importa la tierra, las yuntas y una perra sumisa que les dé de comer". [Martirio, Acto primero]	**2** Si están ausentes los varones de la vida de las mujeres, el amor familiar está en riesgo.
C "Una hija que desobedece deja de ser hija para convertirse en una enemiga". [Bernarda, Acto tercero]	**3** A los hombres solo les interesa la vida laboral y tener una mujer que los alimente.
D "¡Afortunadamente mis hijas me respetan y jamás torcieron mi voluntad!" [Bernarda, Acto segundo]	**4** Es imposible vivir como debemos a causa del "qué dirán".
E "Son mujeres sin hombre, nada más. En estas cuestiones se olvida hasta la sangre". [la Poncia, Acto tercero]	**5** Si una hija no se somete a la voluntad de los padres, hay que declararle la guerra.

Essay-writing vocabulary

a causa de because of

la acción ocurre en (el pasado/presente/futuro) the action takes place in (the past/present/future)

además furthermore, moreover

además de in addition to

ahora sigamos/continuemos con... let us now continue with...

al contrario on the contrary

al mismo tiempo at the same time

al principio at the beginning

el ambiente (de la ciudad, del barrio...) the atmosphere (of the town, district...)

a medida que avanza el relato as the story progresses

analizar to analyse

asimismo likewise

básicamente basically

cabe destacar que... it should be stressed that...

como consecuencia (de) as a result (of)

como punto de partida as a starting point

como señala el autor/la autora as the author points out/shows

con referencia a with reference to

con respecto a in relation to, regarding

de manera semejante in the same way

el desarrollo de la trama the development of the plot

el desarrollo lineal linear development

el desenlace denouement, outcome

destaca el personaje [x] the character [x] stands out

en cambio on the other hand, instead

en ciertos aspectos in some/certain respects

en estos tiempos these days

en mi opinión, (no) se puede creer que... in my opinion, one can(not) believe that ...

en pocas palabras briefly

en primer/segundo lugar in the first/second place

en realidad in fact, in reality

en resumen to sum up, in a nutshell

en su conjunto on the whole

una escena emocionante an exciting/emotional scene

es decir that is (to say)

es un telón de fondo perfecto it is a perfect backcloth/backdrop

la evolución del personaje the development of the character

hay que tomar en cuenta you have to take into account

hoy en día nowadays

una imagen eficaz an effective image

incluso se puede decir que... you/one can even say...

interpretar to interpret

el/la lector(a) reader

leyendo el libro, uno se da cuenta de que... reading the book, you realise that...

lo cierto es que... the fact/truth is that...

luego then, next

mientras tanto meanwhile

no se puede negar que... it cannot be denied that/there's no denying...

la novela refleja (la realidad de la época, etc.) the novel reflects (the reality of the period etc.)

otro ejemplo es... another example is...

para comenzar/terminar to begin, to finish

para concluir in conclusion

parece que it seems that

pongamos por caso for instance

por el contrario on the contrary

por lo general in general

por lo tanto therefore

por último finally, in the end

por una parte... por otra... on the one hand... on the other...

primero, consideremos... first let's consider...

el propósito principal the main purpose

la razón por la que the reason why

recrear el período/lugar to re-create the period/place

resulta difícil creer que... it is hard to believe that...

un resumen del argumento plot summary

un retrato del/de la protagonista a portrait of the main character

sea lo que sea, hay que decir que... be that as it may/in any case, you have to say that...

se diferencian mucho en su carácter they are very different in character/temperament

según se ha visto as has been seen

el sentido de lugar sense of place

se podría incluso decir que... you could even say...

se suele afirmar que... it is often said/claimed that...

sin duda without doubt

sobre todo especially

también debemos considerar que... we must also consider that...

el telón de fondo backcloth, background

el tema principal the main theme

tengo la impresión de que... I have the impression that...

es un personaje duro/simpático/alegre he/she is a hard/kind/cheerful character

la vida interior de los personajes the characters' inner life

AS essays

Although a mark is awarded in the examination for use of language (AO3), all the example essays used here are grammatically accurate and the examiner comments focus on the students' ability to critically and analytically respond to the question (AO4).

Question 1

Examina cómo Bernarda ejerce su autoridad en la casa y la reacción de las otras mujeres que viven allí. En tu respuesta puedes considerar a:

- Angustias
- Martirio
- Adela
- la Poncia

Student A

Bernarda es una persona que ejerce su autoridad en su casa. Su casa es como un convento o una prisión. Dijo: "Aquí se hace lo que yo mando" y "¡Afortunadamente mis hijas me respetan y jamás torcieron mi voluntad!". Veremos que ella es una verdadera tirana porque nadie excepto Bernarda puede decidir sobre cuestiones importantes, como el duelo después de la muerte de su marido y la boda de Angustias.

A ella no le gusta que Angustias, la hija mayor que va a casarse con Pepe el Romano, se ponga maquillaje y Bernarda le quita los polvos de la cara con violencia, porque Angustias le falta el respeto al marido de Bernarda, que acaba de morir.

También trata con violencia a Martirio cuando esta roba el retrato de Pepe. La golpea con su bastón, el símbolo de su autoridad, pero Martirio dice que fue una broma. No fue una broma: Martirio es una mujer malvada que quiere destruir el amor entre su hermana y Pepe.

No puede dominar a Adela, que reacciona mal al dominio de su madre. Adela es más fuerte que su madre, y en el desenlace

Here the student is simply telling the story again

rompe el bastón, que es el símbolo de su autoridad. Adela se suicida después, así encuentra la libertad en la muerte.

Bernarda emplea a la Poncia como espía. Dice a Bernarda todo lo que ocurre en la casa y en el pueblo. Así, es un personaje muy útil. Sin embargo, la Poncia reacciona con cuidado cuando Bernarda ejerce su autoridad sobre ella. La Poncia tiene miedo a Bernarda porque Bernarda conoce el pasado de su familia pobre; su madre era prostituta. También Bernarda emplea a sus hijos en sus tierras, lo que significa que tiene autoridad sobre ellos.

Para terminar, las otras mujeres, excepto la Poncia, que es su espía, tienen miedo de Bernarda, porque ejerce su autoridad en su casa con fuerza y por eso no pueden hablar francamente con ella. Así, ella no conoce los pensamientos íntimos de sus hijas. El temor entre una madre y las hijas no me parece normal, pero en la primera mitad del siglo XX las relaciones eran diferentes.

Likely Grade B

Examiner comments

This is a middle-range performance at this level, in which the student shows a fair knowledge of the play but fails to get to grips fully with the question.

In the introduction the student does not address the central point of how Bernarda exercises her authority. Instead, content and the quotations simply reaffirm the main character's tyranny. It is unwise to quote extensively in the introduction. In this case one quotation would have been sufficient to exemplify the point.

In the four paragraphs that make up the body of the essay the separate bullet points are covered systematically, but the answer only responds partly to the question of how the other women react. Some of paragraphs 5 and 6 are better in this respect, offering some relevant points; these points could have been more fully exemplified.

The language is of a good level with some appropriate connectives; some literary language is employed.

The conclusion does not sum up what has been covered in the body of the essay, but introduces a new, relevant point, which should have been made earlier in the essay. It ends on a limp note with a personal observation that adds little to the answer.

Student A would be likely to receive a mark in the middle band for AO4 for this essay.

Student B

you can sense/feel

intransigent - stubborn etc.

blanket

En la obra lorquiana "La casa de Bernarda Alba" se siente la autoridad de la protagonista, que es una tirana, incluso antes de que ella aparezca en escena. Es tan intransigente en su visión, que desde los primeros comentarios de la Criada y la Poncia ("Dominanta") hasta el final de la obra, en el que grita un fuerte "¡Silencio!", su presencia lo cubre todo de un manto de represión.

keeps an eye on.

Cada una de las mujeres que tienen que convivir con este personaje dictatorial tiene una forma diferente de reaccionar. Bernarda permite a Angustias, su hija mayor, que se case con Pepe el Romano, pero su permiso no implica libertad, sino incluso más dominación por el "qué dirán". Cuando Angustias se presenta con maquillaje, se lo quita de manera violenta, y vigila lo que su hija estaba haciendo cuando estaba mirando a los hombres. Angustias tiene que aceptarlo.

unleashes

Bernarda no logra ver los deseos de su hija Martirio hacia Pepe el Romano cuando roba el retrato de Angustias. Al descubrir que lo ha hecho, descarga toda su ira contra ella y le pega con el bastón. Sin embargo, Martirio, que miente y dice que era solo una broma, se pone furiosa y le grita que no debe pegarle.

En un verdadero intento por abrir los ojos de esta persona encerrada en su luto y su tozudez, la Poncia trata también de hacerla ver que sus hijas tienen deseos, y que sucede algo "muy grande" bajo sus narices. No obstante, a Bernarda le da más placer poner a la Poncia en su lugar con insinuaciones.

Aun con todo, sí hay un personaje que logra vencer la autoridad de Bernarda, y es la joven Adela. Vemos cómo lentamente se despierta en ella un deseo incontrolable por ser libre y por amar a Pepe. Cuando Bernarda trata de reprimirla y de pegarle con su bastón, en un momento clave en la obra, Adela toma el bastón y lo parte en dos. Es así que rompe con la autoridad de la tirana.

Podríamos decir entonces que cada personaje reacciona de una forma diferente a la autoridad de Bernarda Alba. Ella trata de dominarlo todo en su casa, su gran falla, que conduce la acción hacia un fin trágico. Incluso en ese desenlace vemos que Bernarda no ha cambiado, que le importa más expresar fortaleza y dominación que su dolor.

Examiner comments

This is a high-grade essay that is well constructed and, in the body of the essay, answers the question in a clear and balanced manner.

The introduction tends to confirm the protagonist's tyranny and begins to broach the question of 'how' she exercises her authority, as well as mentioning the reaction of two inmates of the house.

Paragraph two opens with a clear, relevant statement that is well supported in the body of the essay. Thereafter, each paragraph states the methods of repression and the reaction of the woman it affects. The examples given are well chosen and clearly explained.

The student changes the order of the bullet points effectively, building up to the one character who successfully resists the domineering behaviour of her mother.

The conclusion begins with a relevant summing up of 'reactions', but it focuses rather on the outcome of the character's tyranny, and tends to reinforce the character's intransigence, rather than on the manner in which she exercises her authority.

Connectives are well used, giving a good flow and coherence to the answer. Literary vocabulary is employed to good effect, and is not over used.

Student B would be likely receive a mark in the top band for AO4 for this essay.

Question 2

Explica el significado del mundo exterior en *La casa de Bernarda Alba*. En tu respuesta puedes considerar:
- el funeral de Antonio María Benavides
- a los segadores
- (a las mujeres del pueblo)
- a Pepe el Romano

Student A

El mundo exterior es muy importante en "La casa de Bernarda Alba" porque las mujeres que están en la casa quieren salir y ser libres. Durante toda la obra, con frecuencia se hace referencia al mundo exterior y a las hijas de Bernarda, que están reprimidas, se sienten atraídas por la presencia de los hombres en el pueblo, como los segadores y Pepe el Romano.

La obra comienza con el funeral del marido de Bernarda, que tiene lugar en el mundo exterior. Todos los habitantes del pueblo van al funeral, lo que significa que Bernarda Alba es una mujer rica y poderosa.

Los segadores llegan al pueblo en el segundo acto. Las hijas escuchan la canción de estos mozos que cantan "se llevan los corazones/de las muchachas que miran". Con ellos viene una mujer que llevan al olivar. Son significativos porque muestran cómo las hijas se sienten atraídas sexualmente hacia estos hombres del mundo exterior y la libertad que tienen.

Al final del segundo acto, las hijas escuchan la historia de las mujeres del pueblo sobre la hija de la Librada, que mató a su hijo ilegítimo y por eso los hombres del pueblo, acompañados por sus perros, quieren matarla. Esto es significativo porque Adela quiere salvarla de la muerte y Bernarda quiere que la maten.

Hay un hombre del pueblo que se llama Pepe el Romano, que va a casarse con Angustias, pero está enamorado de Adela. Pepe está en la calle durante la noche para cortejar a las dos hijas. La presencia de Pepe el Romano conduce al final trágico de la obra, cuando Bernarda tira contra él, por lo que huye. Adela piensa que está muerto y se suicida.

Para concluir, creo que el mundo exterior es muy importante en "La casa de Bernarda Alba", sobre todo la relación entre Pepe el Romano y Adela, que conduce a la tragedia. Pero el mundo interior de la casa es más importante, porque muestra la represión de las hijas por Bernarda. Estas mujeres no tienen derechos humanos y están obligadas a coser y bordar, y a estar de luto en la casa por ocho años.

Examiner comments

This is a middle-range performance at this level. The essay begins reasonably well, but points are not developed effectively and it tails off, with an inadequate conclusion.

The introduction starts with an inaccurate statement, which should have specified that it is the daughters and María Josefa, and not all the women in the household, who want their freedom, but thereafter makes a valid response to the essay question, preparing for what follows.

The body of the essay, which covers the bullet points systematically, is only partially successful: paragraphs 2 and 3 show a fair knowledge of the text with some relevant deductions. In the fourth paragraph the student mentions only one example of the several possible examples of behaviour of village women, and there is a minor inaccuracy concerning the role of the dogs. Paragraph 5 is unbalanced, with some recounting of the plot where more explanation of the significance of the outside world was necessary.

The level of language is generally good, if somewhat repetitious, with successful handling of subordinate clauses; there is, however, little use of literary terminology.

The conclusion is unsatisfactory: it attempts to sum up at first, but then introduces a new idea which is on the wrong track.

Student A would be likely to receive a mark in the middle band for AO4 for this essay.

Student B

Podríamos decir que el mundo exterior juega un papel muy importante en esta obra teatral. Nos brinda un contraste de libertad y de alegría, mientras que en la casa todo es disciplina y represión, y reinan el luto y la tensión.

La misa de responso de Antonio María Benavides transcurre fuera de escena. Cuando las 200 mujeres visitan la casa de Bernarda, logramos ver que la protagonista desprecia a los de clase inferior, y que todos parecen despreciarla, incluso insultándola entre letanías.

El ambiente de represión que crea Bernarda se vuelve cada vez más tenso. Es entonces que llegan los segadores al pueblo, y su música da un respiro a las hijas (y al espectador), traen color y música. Además, se escuchan historias de libertad sexual entre esos hombres, algo que anhelan las hijas; es como otro mundo para ellas.

La libertad sexual de las mujeres del pueblo, sin embargo, era condenada. Así es que el mundo exterior nos muestra esto, especialmente con la historia de la hija de la Librada (un nombre muy significativo), que tuvo un hijo ilegítimo y lo mató por el "qué dirán". La furia del pueblo, que la persigue para castigarla, tiene eco en Bernarda, que pide que la maten, pero causa horror en Adela, que se identifica con la mujer.

De todo lo que sucede en el exterior, la presencia más importante es la de Pepe el Romano, el hombre comprometido con Angustias, pero que visita en secreto a Adela. Es el fantasma del apetito sexual masculino, una presencia tentadora que vuela alrededor de la casa y que incita la envidia, los celos, y sobre todo la pasión entre las hijas. Es parte del mundo exterior, pero parece ser parte del instinto *humano también. Él logra que Adela sea su amante, y esto conduce a una tragedia.*

Podríamos decir, entonces, que el mundo exterior no sirve solamente de contexto, sino que motiva las acciones y reacciones en el interior de la casa. Aunque hable de tradiciones de pueblos de Andalucía, tienen una incidencia especial en el sentir de los personajes centrales, porque incitan su reacción, de rechazo en Bernarda y de pasión y libertad en Adela. Por lo tanto, es un aspecto central de esta obra lorquiana.

Examiner comments

This is a perceptive essay that sticks closely to the terms of the question throughout and shows a mature understanding of the main issues of the play.

The succinct introduction neatly puts the central contrast between outer and inner worlds and what they stand for.

The body of the essay takes the reader through the four bullet points systematically, commenting appropriately on the significance of each one. In the fourth paragraph, the point is well made, but the student might have mentioned the behaviour of other village women. The fifth paragraph is particularly effective in analysing the significance of masculine sexuality on the daughters.

A strong feature of this essay is the use of connectives, which give a good flow and help to facilitate the explanation of complex ideas. There is a range of appropriate vocabulary, which is literary where appropriate, and a wide variety of structures.

The conclusion is an excellent summing up of the answer.

Student B would be likely to receive a mark in the top band for AO4 for this essay.

A-level essays

Although a mark is awarded in the examination for use of language (AO3), all the example essays used here are grammatically accurate and the examiner comments focus on the students' ability to critically and analytically respond to the question (AO4).

Question 1

Analiza los sucesos en el tercer acto que conducen al desenlace trágico de la obra. En tu opinión, la muerte de Adela, ¿es inevitable?

Student A

Varios sucesos contribuyen al desenlace trágico de "La casa de Bernarda Alba". Entre estos están las acciones de Adela, quien se encuentra con Pepe el Romano durante la noche, y la intervención de Bernarda. Martirio, la hermana de Adela, sabe lo que está pasando, y por eso impide que su hermana lo encuentre.

La celosa Martirio, quien está enamorada de Pepe también, intenta impedir que Adela salga para encontrarse con su amante. Martirio se enfrenta a Adela y le dice: "Esto no puede pasar así" y "Mi sangre no es la tuya y aunque quisiera verte como hermana ya no te miro más como mujer", pero Adela contesta "Aquí no hay remedio. La que tenga que ahogarse que se ahogue. Pepe el Romano es mío". Luego las dos hermanas luchan antes de que aparezca Bernarda. Martirio señala la paja de trigo en las enaguas de Adela y dice "Estaba con él". Bernarda, que se levanta de su cama porque ha oído el ruido, dice "¡Esa es la cama de las mal nacidas!" y después busca su escopeta para tirar a Pepe. Martirio dice "Pepe el Romano se acabó", y como consecuencia Adela, que cree la mentira de Martirio, se suicida.

¿Es inevitable la muerte de Adela? Creo que no, porque Adela podría haber esperado la muerte de Angustias y haberse casado con Pepe. La verdad es que Adela fue demasiado impaciente e impulsiva, como revelan sus palabras, y esta fue la verdadera causa de su suicidio. Además, Bernarda había creído lo que le había dicho Angustias sobre la ausencia de Pepe de la reja aquella noche y fue a acostarse. Pepe no fue a la capital con su madre sino que volvió a la casa para estar con Adela. La consecuencia fue que Bernarda no vigiló a Adela esa noche; podría haber impedido que la tragedia ocurriera.

En conclusión, dos sucesos del tercer acto que conducen al desenlace trágico son la disputa entre Martirio y Adela y la llegada de Bernarda, que no tolera la desobediencia de Adela y por eso dispara a Pepe. Sobre todo quiere evitar el escándalo que resultaría si los vecinos descubrieran que Adela tenía una relación con Pepe. ¿Es inevitable la muerte de Adela? En mi opinión, no.

Examiner comments

This is a middle-range performance at A-level. The student responds adequately to the title and overall the structure is appropriate.

The introduction prepares satisfactorily for the body of the essay, with a clear statement in response to the essay title.

In response to the first part of the question, the second paragraph offers a narrative, rather than an analytical account of events. The student uses too many quotations, assuming that they will suffice in place of analysis. Several inaccuracies in the quotations and errors of interpretation show an inattention to detail.

Paragraph 3 is more successful, the student mounting a credible argument about the inevitability of the ending, although there are strong counter-arguments about this issue which might have been explored. An approach that took into account the forces that impel the characters could have led to a different judgement, of greater depth.

The conclusion sums up the first part of the question appropriately, but it then introduces a new idea concerning motivation which is not relevant to the essay.

The level of language is good, with successful use of subordinate clauses; use of literary vocabulary is limited.

Student A would be likely to receive a mark in the middle band for AO4 for this essay.

Student B

Los sucesos del tercer acto conducen a un desenlace trágico que es inevitable, ya que toda la acción y el trasfondo de la obra, y en particular las personalidades bien definidas de las protagonistas, conducen a ello.

Al empezar el tercer acto, la paz y tranquilidad de la charla con Prudencia (con algunos malos augurios) se ven interrumpidas por el caballo garañón, que predice el ímpetu masculino por obtener recompensa. Sabemos que Pepe el Romano está visitando a Adela a escondidas de Angustias y Bernarda. Es otro ser masculino que no abandona sus deseos.

Bernarda tiene "una venda en los ojos", como dice la Criada, y no sabe, por ejemplo, que Martirio compite por el amor de Pepe el Romano con Adela. Los celos y la envidia de Martirio la hacen interponerse ante su "enemiga" y acusarla cuando vuelve de su acto ante Bernarda, que da rienda suelta a su ira, *pero que se encuentra con un espíritu que decide romper con su autoridad en Adela.*

Si dijéramos que la muerte de Adela es a causa de su deseo innato de buscar el amor y la libertad a cualquier precio, podríamos decir que es inevitable, porque se topa con la represión de una madre dictatorial, y sobre todo con los celos de otra mujer que le miente, Martirio. Son fuerzas muy primitivas, y para que una triunfe, la otra tiene que morir.

Sin embargo, si dijéramos que la muerte de Adela se debe a su inmadurez y su desenfreno, normales en una joven de su edad y su falta de experiencia, cabe la suposición de que podría haber escuchado a la Poncia y esperado a que Angustias muriera, o a haberse convertido en la amante de Pepe. No obstante, su impulso al oír la mentira de Martirio, "Se acabó Pepe el Romano", es más fuerte que la sensatez, y la lleva a cometer suicidio.

Me parece evidente que todas las acciones, y sobre todo las personalidades de los personajes, apuntan a un desenlace trágico, en el cual Adela no tiene escapatoria de la muerte; aunque escuchara la voz de la razón, su instinto de mujer y su pelea por la libertad y el amor hacen que se inmole en un momento sublime de pasión por el amor que considera perdido.

Examiner comments

This is a very sophisticated response to the ending of the play, which argues convincingly that the tragedy is inevitable.

In the introduction the student comes down on one side of the argument for inevitability before the case has been made. This statement would have been better left for the conclusion (where it is re-stated).

The body of the essay shows how the ominous symbolism of the early part of the act reflects the amorous goings-on offstage that lead to the tragedy. The essay goes on to demonstrate cogently how the conflicts between characters build up throughout the third act, culminating in the events of the final scene.

The fourth and fifth paragraphs examine effectively the case for and against 'inevitability', concluding that the force of the youngest daughter was such that only one outcome was possible.

The conclusion is an excellent summary of the argument.

The student uses a wide range of appropriate vocabulary, including connectives. Effective use of complex constructions (notably conditional sentences) is made. Literary vocabulary is used where appropriate, without being overdone.

Student B would be likely receive a mark in the top band for AO4 for this essay.

Question 2

La Poncia explica el comportamiento de las hijas de Bernarda, diciendo: "Son mujeres sin hombre, nada más. En estas cuestiones se olvida hasta la sangre". ¿Qué quiere decir este personaje con estas palabras? El comportamiento de las hijas, ¿le da la razón?

Student A

La Poncia es una criada que conoce muy bien a las hijas de Bernarda Alba porque ha servido a la familia durante muchos años. Cuando dice estas palabras hacia el final, ya no hay posibilidad de evitar la tragedia. Está hablando con la Criada, quien ha dicho que las hijas son malas. La Poncia reacciona con estas palabras.

La Poncia quiere decir que el comportamiento de las hijas puede explicarse por el hecho de que no pueden acercarse a los hombres. La falta de hombres en su vida las hace olvidar que son hermanas. Hay muchas ocasiones en las que una de las hijas se muestra celosa de otra y comenta maliciosamente el comportamiento de la otra, pero Angustias es la que recibe más crítica adversa.

El caso más extremo de comportamiento agresivo hacia sus hermanas es Martirio, quien olvida que ellas son sus hermanas, de la misma sangre. Según la Poncia: "Es un pozo de veneno. Ve que el Romano no es para ella y hundiría el mundo si estuviera en su mano". Por eso Martirio roba el retrato de Pepe el Romano de la habitación de Angustias; a ella le importa más tener este retrato que tener una buena relación con la hermana que va a casarse con Pepe. Además, le dice a Adela: "Mi sangre no es la tuya, y aunque quisiera verte como hermana ya no te miro más que como mujer". Lo que Martirio dice parece apoyar el juicio de la Poncia, pero esa sirvienta echa la culpa a la falta de hombres por todo lo malo que hacen las hijas. Sin embargo, parece que el comportamiento de

Martirio es malo no solo porque es una mujer sin hombre sino porque ella es una mujer malvada.

Este juicio de la Poncia es demasiado sencillo: explica el comportamiento de las hijas hasta cierto punto, pero esta opinión es la de una mujer que disfruta de hablar de actividades lujuriosas. No tiene razón cuando dice "nada más": los lazos familiares se rompen fácilmente porque las hijas están reprimidas, gracias al tratamiento cruel que reciben de Bernarda. No solo se trata de ser "mujeres sin hombre". Sin embargo, la Poncia parece tener razón cuando dice que el interés por los hombres las hace olvidar hasta la sangre.

Examiner comments

This is a middle-range performance at A-level.

The introduction is unsatisfactory: it does not respond directly enough to the essay question, rather it sets the scene, explaining when in the play and to whom the remarks were made.

The second paragraph gives a fair account of the meaning of the words but should have developed the explanation in more detail, giving specific evidence.

Paragraph 3 focuses on one sister, failing to offer evidence about the behaviour of the others. The student chooses to reject La Poncia's judgement but does not develop the argument effectively.

The conclusion is not satisfactory: it develops the argument rather than summing it up. The argument itself is unconvincing, since the repression of the daughters in the play is fundamentally linked to the lack of access to men as well as their mother's tyrannical rule.

The level of the language is good, but use of literary terminology is limited.

Student B would be likely to receive a mark in the middle band for AO4 for this essay.

Student B

Cuando la Poncia pronuncia las palabras de la cita a la Criada, parece ser la voz del sentido común, que nos deja entrever no solo que ha conocido bien a las hijas de Bernarda Alba, sino que ha vivido lo suficiente para ver que la lucha por el amor de un hombre es inevitable y no reconoce barreras.

Es un comentario profundo y sabio, que puede verse reflejado muy bien en el deterioro de la relación entre las hijas. El hecho de que Angustias tenga permitido casarse con un hombre como Pepe incita los celos de las demás hermanas, porque él despierta el espíritu primitivo de la mujer, que desea ser amada, y que está exacerbado porque tienen una represora muy fuerte en Bernarda.

Martirio confirma que las palabras de la Poncia son ciertas al luchar contra Adela. Al tratar de acercarse a ella la menor, Martirio, declara: "Mi sangre ya no es la tuya, y aunque quisiera verte como hermana no te miro ya más que como mujer". Nos queda claro como espectadores que se ha roto el lazo fraternal entre ellas a causa de ese hombre.

Aunque Adela perdone a su hermana por luchar contra ella, no cambia de parecer en su deseo de ser amante de Pepe, y esto también confirma que su familia no le importa tanto como el hombre. Su deseo interno, su instinto de mujer, son más fuertes que los lazos; incluso la hacen rebelarse contra la tiranía de su madre, una tiranía que aumenta el deseo de ser amada.

Podríamos decir que el acto sublime de traición fraternal que demuestra que las palabras de la Poncia son proféticas es la mentira de Martirio al final de la obra, cuando, enceguecida por la envidia y el rencor, dice que "Se acabó Pepe el Romano" a sabiendas de que él ha escapado en su jaca. Esto provoca la reacción desesperada de Adela, que se suicida.

En conclusión, es evidente que la Poncia expresa palabras proféticas al decir esas palabras: hay suficientes pruebas en las palabras y los actos de los demás personajes que le dan la razón; sus fallas personales, su pasión, su instinto, su rebelión ante la represión, las conducen al destino inexorable de mujeres que luchan por el amor de un hombre.

Examiner comments

This is a high-quality essay, which shows excellent awareness of issues raised by the question.

The introduction focuses more obviously on the wisdom of the character making the statement than on the actual meaning of the quotation, although it is clear by the end of the introduction that the student has understood the meaning well.

In the body of the essay the student shows convincingly how the daughters' behaviour, in their repressed circumstances, justifies the statement. The quotation used in paragraph 3 is well chosen: it illustrates perfectly the breakdown in the relationship between two key characters. Paragraph 4 could have done with a specific example, or a similar quotation, to demonstrate how the youngest daughter has broken family ties. The final paragraph of the body of the essay effectively shows the repercussions of the breakdown in a relationship on the action (and not just the words) of the play.

The essay rightly focuses on the three daughters who are most important to the plot, but there ought to have been a comment, however brief, on the behaviour of the other two daughters.

The conclusion summarises succinctly the reasons why the character is right in what she says, but it might have focused more on the meaning of the statement rather than its good sense.

The student writes in a clear, direct style, with sophisticated constructions and a wide range of vocabulary, employing a literary register where appropriate. Linkage between sentences and paragraphs is very good.

Student B would be likely receive a mark in the top band for AO4 for this essay.

In order to be able to recall essential aspects of the play, it is advisable for you to focus on quotations. You do not necessarily need to learn them by heart, but it is important to recall and even paraphrase them when you write about the play.

The following are the top 10 quotations from the play *La casa de Bernarda Alba*:

"Tirana de todos los que la rodean. Es capaz de sentarse encima de tu corazón y ver cómo te mueres durante un año sin que se le cierre esa sonrisa fría que lleva en su maldita cara". [Acto primero]

1

◥ Este comentario de la Poncia es esencial porque:

  ◥ Define a Bernarda con términos inequívocos y muy fuertes. Nos pinta una imagen muy clara de ella.

  ◥ Establece la tensión antes de que el personaje principal haga su entrada en escena.

  ◥ Nos hace predecir que Bernarda "se sentará sobre el corazón" de otro personaje (que es lo que hace con sus hijas).

  ◥ Nos hace cuestionarnos por qué disfruta con "sonrisa fría" de ser tan tirana.

"Los pobres son como los animales. Parece como si estuvieran hechos de otras sustancias". [Acto primero]

2

◥ Esta conclusión de Bernarda es esencial porque:

  ◥ Es tan despectiva que no puede ser obviada ni por los demás personajes ni por el público.

  ◥ Caracteriza perfectamente la idea que Bernarda tiene de las clases sociales, su naturaleza y sus derechos.

  ◥ Nos sitúa muy bien en un sitio social y geográfico (Andalucía rural de principios del siglo XX), en el que una persona de clase alta puede despreciar abiertamente a una persona de clase baja.

  ◥ Nos indica que hay tensión entre las clases, lo que es parte del trasfondo de la obra.

  ◥ Al ser tan intransigente, nos hace ver que Bernarda tiene una falla esencial en su carácter, lo que lleva a conflictos con los demás personajes.

3 "Es así como se tiene que hablar en este maldito pueblo sin río, pueblo de pozos, donde siempre se bebe el agua con el miedo de que esté envenenada".
[Acto primero]

- Este comentario de Bernarda es esencial porque:
    - Al decir "Es así como se tiene que hablar", muestra que Bernarda es arrogante y que tiene la respuesta a todos los interrogantes.
    - Ilustra de forma clara, aunque subjetiva, cómo es el pueblo donde viven Bernarda y sus hijas: un sitio pobre (de pozos).
    - La imagen de un pueblo sin río sugiere que es un sitio poco próspero, ya que la mayoría de los sitios prósperos se instalan cerca de ríos o en la costa de un mar.
    - La imagen sensorial de "beber agua envenenada" ilustra que hay un conflicto social, y nos hace preguntarnos por qué hay gente que quiere envenenar a otra gente.
    - El pueblo sin río sugiere esterilidad y el deseo de beber, que representa un paralelismo con la esterilidad impuesta a las hijas y su deseo sexual.

4 "Hilo y aguja para las hembras. Látigo y mula para el varón". [Acto primero]

- Esta frase de Bernarda es esencial porque:
    - Constituye un ícono de la época, es como un lema de los principios sociales de la Andalucía rural de principios del siglo XX.
    - Resume muy bien las costumbres de la época: las mujeres respetables debían bordar y coser, mientras que los hombres debían dedicarse a las labores del campo, con los animales.
    - Nos demuestra que Bernarda no titubea ante lo que deben hacer sus hijas, solo coser y bordar.
    - Confirma la escenificación, ya que al estar bordando las mujeres, deben estar dentro de la casa, y los hombres deben estar fuera con el látigo y la mula. Ellos no entran en la casa en la obra.
    - Establece roles tan rígidos que indudablemente alguna de las hijas querrá escaparse (que es lo que sucede con Adela).

5 "¡No, no me acostumbraré! Yo no quiero estar encerrada… ¡Yo quiero salir!"
[Acto primero]

- Esta declaración de Adela es esencial porque:
    - Nos deja ver por primera vez que el espíritu de Adela no se doblegará ante la imposición dictatorial de Bernarda.
    - Establece el nudo central de la obra: la lucha por la libertad y el amor.
    - Por primera vez un personaje dice lo que realmente quiere hacer, que es salir de la casa, de la prisión de Bernarda.

◥ Como público podemos identificarnos con Adela, porque sería demasiado difícil acostumbrarse a estar encerrados 8 largos años de luto en una casa, con una persona intransigente como Bernarda.

◥ Establece una idea que se repetirá después, especialmente en el discurso de María Josefa, madre de Bernarda, que está encerrada dentro del cuarto.

"No por encima de ti, que eres una criada, por encima de mi madre saltaría para apagarme este fuego que tengo levantado por piernas y boca". [Acto segundo]

6

◥ Esta advertencia de Adela es esencial porque:

◥ Nos deja en claro que ella no se rendirá ante nadie, no importa cuál sea su rango social ni familiar.

◥ Expresa muy visualmente que su pasión por Pepe no es solo emocional, sino sexual.

◥ La imagen del "fuego" en "piernas" y "boca" es una metáfora muy clara y universal de la pasión incontrolable.

◥ Crea tensión, porque nos hace pensar en quién o qué obstáculos tendrá que sortear este personaje central a continuación.

"No pienso. Hay cosas que no se pueden ni se deben pensar. Yo ordeno". [Acto segundo]

7

◥ Esta sentencia de Bernarda es esencial porque:

◥ Pinta perfectamente a Bernarda: un personaje demasiado obcecado y arrogante.

◥ Nos deja ver que ella piensa poco, porque no ve la lógica en la situación, que si reprime a sus hijas, es muy probable que se rebelen tarde o temprano.

◥ Demuestra que la arrogancia de Bernarda la hace pensar que puede controlar lo que sucede a su alrededor, aunque sea realmente lo opuesto.

◥ Provoca una reacción adversa en los demás personajes y en el público, que saben que lo que provoca con su falta de sensatez es acelerar el curso de una tragedia.

"Pepe el Romano es un gigante. Todas lo queréis. Pero él os va a devorar…" [Acto tercero]

8

◥ Esta frase de la madre de Bernarda, María Josefa, es esencial porque:

◥ Tiene carácter profético, predice lo que pasará al final de la obra.

◥ Ilustra que la presencia de ese hombre es mucho más nociva de lo que piensan las mujeres de la casa. María Josefa ve que su espíritu es mucho más fuerte que el de las hijas.

- Declara lo que el público ha ido averiguando durante la obra: que todas las hijas quieren al mismo hombre, lo cual es un hecho dramático.
- Con el verbo metafórico "devorar" nos hace pensar en qué acción tan fuerte tomará Pepe con las hijas. Crea tensión.

9

"Tengo el corazón lleno de una fuerza tan mala que, sin quererlo yo, a mí misma me ahoga". [Acto tercero]

- Esta declaración de Martirio es esencial porque:
  - De forma poética, clásica, establece que ella es dominada por algo más potente que su mente: una fuerza mala.
  - Establece la falla principal de este personaje: su rencor y su odio.
  - Demuestra que lo que han predicho sus hermanas y su madre es verdad, que ante la lucha por un hombre, una mujer se olvida de los lazos familiares.
  - Nos demuestra que Martirio también es víctima de sus deseos y su pasión, que la "ahogan", así como a Adela.
  - Martirio confiesa su maldad y su intención, provocando así la sorpresa de su hermana y la aversión del público.

10

"Esto hago yo con la vara de la dominadora… ¡En mí no manda nadie más que Pepe!" [Acto tercero]

- Esta declaración de Adela es esencial porque:
  - Es la culminación de su rebelión ante su madre, en la que finalmente rompe, literal y metafóricamente, con su represión.
  - Causa antipatía en su madre, y empatía en el público, que se identifica con la lucha por la libertad y el amor.
  - Es una imagen visual muy potente, que marca un hito en la obra.
  - Pone en palabras muy sencillas el pensamiento y sentimiento de Adela: solo permitirá que mande en ella el hombre que ama.
  - Establece un clímax en la acción, una situación que deberá resolverse.